I Musei Civici agli Eremitani. Padova

I Musei Civici agli Eremitani a Padova

Contributi di
Davide Banzato
Mirella Cisotto Nalon
Roberta Parise
Franca Pellegrini
Andrea Saccocci
Girolamo Zampieri

Electa

Fotocomposizione dei testi
e riproduzione delle immagini:
Bassoli Olivieri Prestampa,
Milano

Sommario

Museo Archeologico

Mirella Cisotto Nalon
Girolamo Zampieri

Cenni storici

È noto quanto fossero feconde nel Seminario Diocesano di Padova le tradizioni filologiche e antiquarie. In quell'istituto aveva trovato terreno favorevole l'abate Giuseppe Furlanetto, professore nell'Ateneo patavino di lingua greca, ermeneutica ed esegesi sopra il Nuovo Testamento. A lui si deve la prima sistemazione nelle logge esterne del palazzo della Ragione della ricca collezione lapidaria formata da iscrizioni greche, paleovenete e latine provenienti sia da scavi che da raccolte private. L'importante collezione fu inaugurata il 15 luglio 1825 dall'imperatore Francesco I d'Austria. In suo onore fu murata una lapide nella loggia meridionale del Salone così inscritta: *Museum / Francisco I Aug. / Austriae Imp. Longob. et Ven. Rege / Urbem Fausto Adventu Honestante / Institutum / Anno MDCCCXXV / Civium Liberalitate / Municipii Sumptu / Cura Andreae Saggini Praet.* A questa data, quindi, risale la più antica raccolta archeologica pubblica di Padova arricchita, nel 1835, da nuovi importanti reperti al cui ordinamento contribuì ancora una volta l'erudito sacerdote, che ottenne dal podestà onori e consensi.

Nella seconda metà dell'Ottocento Andrea Gloria, insigne paleografo, il vero fondatore del museo patavino, ottenne dall'imperatore Francesco Giuseppe il deposito di alcuni dipinti del demanio, provenienti da conventi soppressi, a incremento della Pinacoteca che il Comune, su sollecitazione del Gloria, aveva intenzione di istituire. Fu così che ebbe inizio, accanto al "Museo Archeologico", la prestigiosa Galleria. Con gli acquisti e i doni che il Comune continuava a ricevere, si rendeva ormai indispensabile una nuova opportuna sede poiché, inevitabilmente, il palazzo della Ragione e le sale comunali, in cui moltissimo materiale continuava ad affluire, erano divenute inadeguate. Dopo varie e appassionate discussioni ed aspre polemiche animate da Pietro Selvatico che sollecitava la costruzione *ex novo* di un edificio accanto alla Cappella degli Scrovegni, nel 1880 si inaugurò la prima vera sede del museo nel quarto chiostro del convento del Santo, precedentemente usato come caserma e che fu riadattato per l'occasione dall'architetto Camillo Boito e dall'ingegnere Eugenio Maestri. In quella sede il museo fu concepito come un'unità culturale che riuniva tutte le collezioni storiche, artistiche e letterarie di proprietà del Comune di Padova. A partire dal 1880 s'aggiunse anche la sezione archeologica che fu arricchita in modo considerevole grazie ai ritrovamenti di Padova e della zona dei Colli Euganei effettuati da Federico Cordenons, autore, fra l'altro, di alcuni importantissimi scavi di Este.

La sezione archeologica, nella sede di piazza del Santo, era chiusa al pubblico dal 1970 in seguito alla restituzione ai frati di alcuni locali dove si trovavano appunto i materiali archeologici, la cui funzionalità espositiva e museale, seppure dignitosa, appariva ormai superata. Nel 1985 si inaugurò la nuova sede del museo patavino con l'apertura di alcune sale archeologiche, secondo quel geniale progetto dell'architetto Franco Albini che prevedeva felici e idonee soluzioni architettoniche e di restauro perfettamente inserite in quella splendida zona archeologica e artistica creando un intelligente collegamento tra

Busto di Sileno (parte di una statua), seconda metà del II secolo d.C.

la Cappella degli Scrovegni e la chiesa degli Eremitani. Ed era proprio qui, accanto al tratto superstite dell'anfiteatro romano, alla Cappella degli Scrovegni e alla chiesa degli Eremitani, che gli antichi voti di Pietro Selvatico e di Andrea Moschetti dovevano essere finalmente esauditi.

Dopo il riordino degli anni sessanta ad opera del professor Alessandro Prosdocimi, il Museo Archeologico rimase sostanzialmente inalterato e praticamente inattivo, tanto che gli importanti reperti provenienti dagli scavi che si andavano effettuando in città e nel territorio su iniziativa della Soprintendenza Archeologica per il Veneto non trovarono, se non in minima parte, accoglienza nel museo, che veniva via via ceduto ai frati del Santo. La nuova sistemazione è frutto di un lungo lavoro. Si svolge attraverso quattordici sale, in cui è documentata la continuità di vita dell'agro patavino dalla protostoria all'età romana. Sono stati privilegiati, dove possibile, ordinamenti cronologici e topografici e, all'interno di alcuni contesti archeologici, è stata realizzata un'esposizione per serie tipologiche di oggetti, in attesa della definitiva sistemazione della parte romana. Il nuovo ordinamento, rispetto ai precedenti, ha variato l'assetto specifico degli oggetti all'interno delle vetrine sia per motivi di carattere conservativo, ma soprattutto per contestualizzare correttamente le raccolte secondo criteri più attuali. Non era altresì eludibile l'esigenza di fornire un quadro sufficientemente esplicativo della storia antica della città, del territorio e delle culture rappresentate dalle collezioni del museo. Si è cercato perciò di rispondere a quest'esigenza fornendo al visitatore informazioni diversificate: didascalie, guide, supporti audiovisivi collocati nella saletta d'entrata.

Il Museo Archeologico occupa tutto il piano terra e il chiostro maggiore. I primi due locali, entrando dal corpo d'ingresso, verranno destinati alla raccolta preistorica, mentre il chiostro raccoglierà la ricca collezione di iscrizioni d'età romana e la non meno importante raccolta di colonne, trabeazioni, elementi architettonici in genere, per lo più rinvenuti nelle aree

Il Museo Archeologico agli Eremitani: veduta d'insieme di una sala romana.

di maggiore interesse: piazzetta Pedrocchi e piazza Cavour. Il futuro del Museo Archeologico è in buona parte legato all'acquisizione di nuovi spazi nell'area compresa tra Giotto e Mantegna, ma il suo sviluppo dipenderà anche dal rapporto con la città che fu alla base della sua crescita nel secolo scorso. Il museo dovrà divenire infatti il centro promotore della vita culturale cittadina. In quest'ottica l'esposizione al pubblico del patrimonio archeologico conservato nel Civico Museo rappresenta un segno vivo della nostra migliore tradizione. (*G.Z.*)

Le collezioni: l'età preistorica

Le più antiche testimonianze relative al territorio padovano provengono dalla zona dei Colli Euganei, che geograficamente occupano la parte sud-occidentale della provincia di Padova. Le collezioni sono costituite, in gran parte, da materiali raccolti in superficie in diversi periodi a partire dal secolo scorso e da recuperi casuali. La loro composizione non copre tutto l'arco cronologico né sono rappresentate tutte le principali industrie o classi di materiali, come invece constatiamo per altre aree della regione veneta, in particolare per quella lessinica a nord di Verona. Infatti, rispetto a quest'area o a quella berica, dove la massiccia presenza di cavità carsiche ha favorito la conservazione di depositi antropici in grotte o in ripari, la zona riguardante il territorio padovano si caratterizza per scarsità di materiali archeologici o di dati relativi ai complessi più antichi, che non consente certamente di tracciare un quadro esaustivo dell'evoluzione della cultura materiale. Tra l'industria litica, documentata nel Veneto da scoperte di numerosi giacimenti e stazioni specialmente nei Monti Lessini e ad oriente della valle del Chiampo, dove in superficie sono stati trovati bifacciali o strumenti su scheggia di tecnica clactoniana, si possono ricordare alcuni manufatti di selce rinvenuti nel 1888 sopra una spianata situata sotto la cima del Monte della Madonna e sul Monte Vendevolo nei Colli Euganei. Si tratta di nuclei di selce giallo-ocracea dai quali sono state

a   b

Pugnali litici eneolitici da Lissaro Mestrino (a) e da via Ognissanti (b).

Il Museo Archeologico nella vecchia sistemazione di piazza del Santo: sale paleovenete e romane.

Ascia ad occhio dal territorio padovano.

Spada a codolo tipo "Pépinville" da Voltabrusegana.

asportate schegge alterne sulle due facce e scheggioni, alcuni con il piano di percussione largo, liscio e inclinato che rivela, secondo Raffaello Battaglia, l'uso della tecnica clactoniana. Ma Piero Leonardi e Alberto Broglio avanzano dubbi sull'arcaicità di questi reperti, che potrebbero invece essere riferiti al Musteriano (Paleolitico Medio), bene identificato sui Colli Berici.

Nell'arco di tempo compreso all'incirca tra 10.000 e 6500 anni avanti la nostra era si affermano, nell'Italia nord-orientale, i complessi mesolitici, pressoché sconosciuti fino a pochi anni or sono, ma attualmente noti e documentati grazie alle importanti scoperte nella conca di Trento, il cui modello serve da confronto con le industrie mesolitiche venute alla luce in tutta la regione veneta. Con l'avvento del Neolitico, accanto ai manufatti ricavati dalle materie prime quali pietra, osso e corno, compaiono nuovi oggetti acquisiti dalla tecnica della cottura dell'argilla, i cui prodotti forniscono un nuovo strumento per la conoscenza delle varie entità culturali nei loro rapporti con le altre realtà vicine e nella loro evoluzione nel corso del tempo. Durante il V millennio a.C. anche l'area padano-alpina centrale e nord-orientale è interessata dai primi aspetti culturali neolitici. Nel territorio padovano, ad esempio a Castelnuovo di Teolo, sui Colli Euganei, nella stessa area di insediamento neolitico relativo ad aspetti recenti della cultura dei vasi a bocca quadrata, si sono rinvenute alcune *pintadere* caratterizzate da motivi dinamici quali serpentine, spirali e da motivi decorativi a zig-zag. Da altre sedi euganee, come Le Basse di Valcalaona e Molino Casarotto, provengono oggetti litici tipici dell'insediamento della cultura di Fiorano e vasi fittili decorati della cultura dei vasi a bocca quadrata.

Durante il Tardoneolitico-Eneolitico l'area prealpina e alpina si configura come ambiente prevalentemente conservativo, mentre la pianura e il pedemonte si aprono a influssi provenienti dalla cultura remedelliana, ma anche da quella padano-adriatica facente capo a Spilamberto. Si può definire l'Eneolitico come la prima fase dello stadio dei metalli nel corso della quale s'insediano in Italia popolazioni provenienti dall'Anatolia, dall'Egeo e dalla penisola iberica. Nel padovano lame di pugnale in selce di tipo remedelliano sono segnalate a Lissaro Mestrino e a Padova in via Ognissanti. (*G. Z.*)

L'età del Bronzo

Con la disgregazione delle culture neolitiche e con la comparsa, in area padana, di gruppi culturali estranei alla tradizione indigena (Remedello, Spilamberto), coincide l'introduzione della metallurgia in Italia settentrionale, dove la cultura di Polada è divenuta sinonimo di antica età del Bronzo. Il nucleo principale dei ritrovamenti poladiani è addensato attorno al lago di Garda. Altro importante nucleo di stazioni della cultura di Polada è dato dal territorio berico-euganeo con gli insediamenti palafitticoli del lago di Fimon nel vicentino e di Arquà Petrarca nei Colli Euganei meridionali. Sia nei Berici che negli Euganei, resti di industrie litiche stanno ad attestare la presenza di insediamenti che possono essere attribuiti ad un periodo di passaggio tra il Neolitico e l'età del Bronzo. Asce con testa ad occhio provenienti dal territorio padovano (?) testimoniano apporti con l'ambiente transalpino centro-orientale, la Slovenia e l'Ungheria settentrionale, mentre i paralleli, nell'ambito della produzione ceramica, ci riconducono alle aree di influenza della cultura di Unetiče.

Forme ceramiche legate al gruppo di "Gata-Wieselburg" sono rappresentate in varie stazioni, tra cui quella di Mandriola, nei pressi di Padova.

Dal XVI-XV al XIII-XII secolo a.C. va collocato il periodo dell'età del Bronzo media e recente. Progressivamente si va smembrando la relativa unità culturale che aveva in qualche modo segnato, con la cultura di Polada, il Veneto occidentale e il Trentino meridionale. Tali mutamenti sono dovuti forse a movimenti di popolazioni, come lo dimostrerebbe l'apporto di culture estranee alla tradizione indigena, e un peggioramento climatico in senso umido, documentato anche dall'indagine paleoclimatica condotta su legni delle palafitte.

Vaso tipo "Gata-Wieselburg" da Mandriola.

Nell'antica e media età del Bronzo è ancora importante l'impiego della selce per la fabbricazione di strumenti e armi. Si segnalano bulini, grattatoi, lame-raschiatoio, punte, ecc. di probabile provenienza dai Colli Euganei. Per quanto riguarda gli abitati dell'età del Bronzo che interessano il territorio padovano si può ricordare, in particolare, la stazione perilacustre del laghetto della Costa presso Arquà Petrarca nei Colli Euganei, i cui materiali sono divisi tra il museo di Padova e quello di Este. Più che di un abitato di tipo palafitticolo con strutture lignee subaeree, si tratta piuttosto di un insediamento caratterizzato da opere lignee di bonifica. I reperti fittili recuperati sono per lo più d'impasto compatto e sono riferibili a boccali monoansati, a scodelle su peducci, a dolii, a fusaiole per filare, ecc.; non mancano utensili per la fusione del bronzo e l'industria su osso-corno è rappresentata da palchi di cervo con estremità usurate o da strumenti in fase di lavorazione o finiti. Sono presenti, inoltre, strumenti in selce e oggetti in pietra levigata. L'abitato di Arquà Petrarca, analogalmente ad altri dell'anfiteatro morenico benacense e a quello di Fimon Pascolone, cessa agli inizi della media età del Bronzo, e con quella recente la frequentazione del territorio si fa più intensa con il sorgere di tutta una nuova serie di abitati ai margini orientali e occidentali dei Colli Euganei stessi o in pianura. Tali abitati furono esplorati tra la fine del secolo scorso e gli

Vasi dalla stazione perilacustre del laghetto della Costa presso Arquà Petrarca.

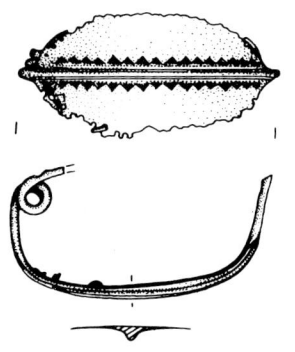

Fibula ad arco fogliato,
IX-VIII secolo a.C.

"Applique" di gusto celtico
a forma di volto umano
stilizzato, IV-III secolo a.C.

inizi di questo. Presso Marendole il Cordenons (1897) mise in luce "fondi di capanna" con pavimento in terra battuta e alcuni oggetti metallici, quali un pugnale, uno scalpello e un'ascia ad alette. A Ponterotto, durante i lavori di estrazione dell'argilla da parte della fornace Galligioni (1909), si rinvennero grandi buche rotondeggianti interpretate quali "fondi di capanna" e materiali fittili attribuibili all'età del Bronzo recente. Alle falde del Monte Rosso, nei pressi di Teolo, fu scavato un abitato su bonifica con gettate di tronchi frammisti a terreno antropizzato ricco di cocci e di ossami riferibili al Bronzo recente. Altri materiali provengono da Mandriola, nel territorio a nord degli Euganei; da via Goito, a Padova, nei pressi della fornace Garotta; da Voltabrusegana, presso l'argine destro del Bacchiglione (spada a codolo tipo Pépinville attribuibile al Bronzo recente); dall'abitato dell'ex Storione, nel cuore di Padova, con elementi dell'età del Bronzo finale. Dal fondo del fiume Bacchiglione, tra il ponte di Creola e quello di Tencarola, le draghe dei sabbbionari e, successivamente, ricerche sistematiche coordinate dalla Soprintendenza Archeologica per il Veneto, hanno portato alla luce una grande quantità di resti dell'età del Bronzo medio, recente e finale, tra cui due splendide spade a lingua da presa tipo "Cetona" e "Allerona". (*G.Z.*)

L'età protostorica

A differenza di altri centri dell'Italia protostorica, nel Veneto l'identità fra gente e cultura può dirsi sicura. Questa identità non è limitata a una breve periodo, ma si prolunga per tutto il I millennio a.C. durante il quale i Veneti, pur con influssi culturali provenienti da varie direzioni, sviluppano la loro civiltà. La regione dei Veneti è pressappoco quella attuale. I centri principali sono Este, certamente il più importante e il più ricco dei Paleoveneti, sorto sulle rive dell'Adige, e Padova, che si sviluppa con caratteristiche proprie. Anche se gli inizi della civiltà dei Veneti costituiscono per certi aspetti un problema ancora aperto, le scoperte di questi ultimi anni sono a riguardo di grandissimo interesse avendo dato consistenza all'aspetto culturale precedente l'inizio di Este, che gli studiosi hanno chiamato protoveneto. Insediamenti importanti sono Frattesina, Montagnana, Angarano, Garda, Treviso. All'interno della regione, dall'VIII secolo a.C. alla romanizzazione, si sviluppa una cultura sostanzialmente unitaria. È la cultura paleoveneta ben differenziata dalle altre dell'Italia protostorica. Il popolo è quello dei Veneti, ma cosa sappiamo degli antichi Veneti, della loro origine? Accanto ai dati archeologici vanno ricordate le fonti scritte. Secondo la storiografia latina gli *Enetoi*, già menzionati nell'*Iliade* (B 851,2) come provenienti dalla Paflagonia in Asia Minore, sono di origine troiana. Lo riferisce Plinio rifacendosi a Catone: *Venetos troiana stirpe ortos auctor Cato* (*Naturalis Historia* I, 1). Pilemene, re dei Veneti, è morto a Troia. Espulsi dalla Paflagonia in seguito a una sedizione, privi di una patria e di un capo, i Veneti si rivolgono ad Antenore, nobile troiano e saggio consigliere di Priamo, il quale, dopo varie vicende, arriva con loro *in intimum maris Adriatici sinum* e cacciati gli Euganei che abitavano fra il mare e le Alpi si stabilisce in quelle terre. Sostanzialmente concorde è il racconto di Virgilio che, in un contesto più leggendario, fa giungere Antenore nell'insenatura dell'Adriatico fondandovi Padova e godendosi in pace il suo regno: ...*urbem Patavi sedesque locavit / Teucrorum et genti nomen dedit fixit / Troia, nume placida compostus pace quiescit* (*Eneide* I, 247). In genere gli studiosi concordano nel ritenere i Veneti una popolazione immigrata parlante lingua indoeuropea, sovrapposti ad una precedente da ritenersi preindoeuropea, che si fa coincidere con gli Euganei delle fonti. Le iscrizioni venetiche, che possediamo in buon numero, sono indicazioni precise. Vengono principalmente da Este, Lagole di Cadore, Padova, Montebelluna, Altino. Per quanto riguarda l'area di espansione dei Veneti nella regione, le fonti concordano sostanzialmente con l'archeologia. Lo sviluppo, o meglio, la storia dei Veneti va divisa in due grandi parti: una antica, dalle origini a tutto il III periodo, cioè dall'VIII alla fine del V secolo, una recente dalla fine del V alla piena civiltà romana (metà circa del I secolo a.C.). Nella fase antica constatiamo rapporti culturali con il mondo villanoviano, con l'orientalizzante egeo, poi con gli Etruschi. Intorno al 350 a.C. l'orizzonte cambia. I Celti varcano le Alpi scendendo nell'Italia settentrionale dal nord,

Tomba XLVI di vicolo Ognissanti, VI secolo a.C., particolari del corredo.

Tomba dei "vasi borchiati", fine dell'VIII secolo a.C., particolari del corredo.

*Tomba 5 da via Tiepolo,
VI secolo a.C., particolari
del corredo: collana con vaghi
globulari, pendagli a forma di
pettine, di pesciolini e pendagli
parallelepipedi con decorazione
ad "occhi di dado".*

*Tomba 8 da via Tiepolo,
VI secolo a.C., particolari
del corredo.*

nord-est e da ovest. Il Veneto non subisce il dominio dei Celti come avverrà per la Cisalpina, ma ne è circondato. Da sud tribù galliche occupano Adria, ad est, nella regione friulana scendono i Carni che costituiscono l'*ethos* più importante del Friuli preromano.

All'interno della civiltà paleoveneta Padova è una realtà che si è andata precisando negli ultimi decenni attraverso scavi sistematici e ritrovamenti casuali. Ne sono risultate evidenti una maggiore antichità del nucleo paleoveneto e alcune sue caratteristiche specie nelle espressioni artistiche. Rispetto ad Este, le fonti latine su Padova sono assai più numerose, data l'importanza che questo centro assume in età romana.

Gli abitati

Le prime testimonianze di insediamenti a Padova sono state individuate nell'attuale centro storico, nell'area cioè dell'ex albergo Storione, di fronte all'Università. La documentazione più antica è riferibile ad alcuni reperti attribuibili a una fase protovillanoviana arcaica (XII secolo a.C.). I materiali riferiti al X-IX secolo a.C. sono piuttosto scarsi e modesti, mentre è bene documentata la vita fin dall'VIII secolo per tutta l'età del Ferro, senza soluzione di continuità. Si sono rinvenute strutture lignee che fanno supporre capanne rettangolari costruite su pali infissi verticalmente, con focolari costituiti da piani di argilla cotta. L'abitato aveva una certa autonomia: venivano praticate la caccia, la pesca e la raccolta dei molluschi marini. I materiali rinvenuti comprovano l'esistenza di svariate attività artigianali: è attestata la lavorazione del bronzo, dell'osso, del corno di cervo, del legno e del cuoio. La filatura e la tessitura sono attestate dalla presenza di fusaiole, rocchetti e contrappesi piramidali.

Consistenza simile all'abitato dello Storione presenta quello della Pilsen, venuto alla luce nel 1976 nell'area dell'omonima birreria, nei pressi di piazza Insurrezione, con una documentazione che va dall'VIII secolo a.C. all'età romana. Sono presenti materiali attici, italioti ed etruschi; sono documentate ceramiche a vernice nera e vasi in argilla figulina chiara simile a quelli prodotti nell'Etruria padana. Assai importante lo scavo di una casa, che ha messo in luce almeno cinque fasi costruttive, la prima delle quali si data al V-IV secolo a.C. e l'ultima alle soglie dell'età romana.

Altre testimonianze relative ad insediamenti sono offerte dagli oggetti rinvenuti a Santa Sofia, angolo via Cesare Battisti, nell'area della scuola media "G. Mameli" e del liceo classico "T. Livio" e all'interno dell'anfiteatro romano, dove si sono rinvenuti alcuni interessantissimi reperti (una valva di matrice di fusione in calcare grigio, un crogiolo in materiale terroso contenente bronzo, uno spillone a globetti, ecc.) che fanno supporre l'esistenza di una attività fusoria. Si possono ricordare ancora altre aree con materiali riferibili ad abitati, come ad esempio il quartiere Santa Lucia, con reperti databili per lo più al IV periodo, e le piazze Castello e Cavour. Non vanno dimenticati neppure i rinvenimenti sporadici di materiale interessante tipologicamente, privo di contesto di scavo, ma sicuramente proveniente dall'abitato padovano (o dal territorio),

*Tomba dal campo sportivo
"W. Petron", III secolo a.C.: olla
fittile con decorazione incisa,
situlette bronzee, mestolino
bronzeo con decorazione a
sbalzo, anello spiraliforme,
pendaglio e fibula di tipo
La Tène II in argento.*

come una fibula in bronzo ad arco fogliato, che trova sicuri confronti con esemplari di Torre Galli, o l'"applique" in bronzo di gusto celtico a forma di volto umano stilizzato, simile all'esemplare di Mel.

Le necropoli

A Padova, come ad Este, non si riscontrano sovrapposizioni tra l'area degli abitati e quella delle necropoli, che si stendono ad est degli antichi nuclei abitati lungo le vie Loredan, Belzoni che prosegue con via Ognissanti, Tiepolo e San Massimo. Sono stati individuati tre nuclei di tombe, il primo dei quali (via Loredan) era collocato in un'area isolata, ma non distante dall'ansa del fiume, mentre gli altri due nuclei (via San Massimo-Ognissanti e Piovego) erano siti lungo la riva del fiume stesso. Sotto la terra le tombe erano disposte entro la sabbia. Mancano le tombe relative allo stanziamento più antico; pochissimi i reperti riferibili al III-II secolo a.C., forse perché gli strati più alti delle necropoli sono stati seriamente manomessi nel corso dei secoli.

La necropoli rinvenuta nell'area compresa tra via Tiepolo e via San Massimo va dal IX al IV secolo a.C. Da quest'area vengono le tombe più antiche finora note a Padova, rinvenute casualmente nel 1967 nel sito dello Studio Teologico Sant'Antonio in via San Massimo. Degne di nota le forme ceramiche: è documentata la forma dell'orciolo biconico con decorazione "a cordicella" e materiale interessante proviene dalla tomba "del Re", della seconda metà dell'VIII secolo a.C., con grandi olle e tazze decorate a borchiette bronzee.

La floridezza della vita di Padova alla fine dell'VIII secolo è confermata dalla straordinaria tomba "dei vasi borchiati" rinvenuta casualmente in via Tiepolo nel 1974, certamente la più ricca e la più interessante finora nota. Il corredo era deposto in un recinto quadrangolare di blocchi informi di trachite grigia, senza copertura, all'interno del quale erano sistemati 88 oggetti. La tomba aveva un solo ossuario che era deposto all'interno di una grande situla di bronzo. Per sfruttare bene lo spazio, i grandi vasi di terracotta erano riempiti di vasi più

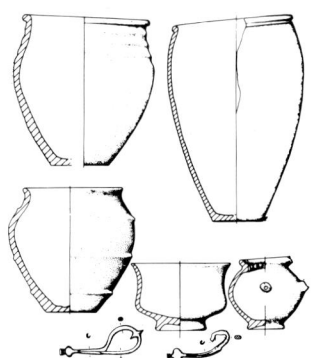

*Tomba 12 da vicolo I San
Massimo, IV secolo a.C.*

*Stele funeraria in calcare, da
Camin (Padova), fine del VI
secolo a.C.*

*Stele funeraria in calcare: lotta
tra un cavaliere e un fante
nudo. Dalla necropoli di via
Leonardo Loredan, III secolo
a.C.*

piccoli. Notevoli i vasi di bronzo e fittili. Fra i primi vanno segnalati i due lebèti con doppia ansa mobile con attacchi a croce, il cui tipo è diffuso in aree di cultura halstattiana con presenze massicce in area illirica, e i due coltelli a lama serpeg-
giante, che trovano puntuali confronti in area atestina. In
questa tomba sono rappresentate tutte le classi vascolari che
dovevano servire al banchetto funebre: vasi per bere, vasi per
attingere, vasi contenitori di liquidi e di cibi solidi. Eccezionali
alcune forme interpretabili come candelabri e come brucia-
profumi; curiosa la coppa con inserti verticali in canna palu-
stre, fantastica elaborazione delle classiche coppe atestine con
alto piede a tromba.

La documentazione riferibile al VII secolo è meno interessante. Le tombe trovano precisi confronti in corredi di medio livello di Este. Rari i materiali che documentano contatti con
aree esterne al mondo paleoveneto, né ci aiutano per questo
periodo i nuovi scavi della necropoli del Piovego, le cui tombe
più antiche si datano al VI secolo a.C. Per questa fase la documentazione in nostro possesso è piuttosto ricca. Alcune bellissime tombe provenienti da via Tiepolo attestano una certa autonomia artigianale e artistica rispetto ad Este. Tipicamente
patavina è la forma globulare schiacciata di molti vasi, usati in
genere come ossuari. Al VI secolo si datano alcune tombe assai interessanti: vanno segnalate in particolare le tombe XL e
XLVI degli scavi del 1913, la tomba "dei cavalli", la tomba 5 e
la tomba 8 di via Tiepolo. La tomba XLVI è apprezzabile soprattutto per la presenza di un vaso ossuario con decorazione
figurata, uno dei pochi esemplari di ceramica paleoveneta con
tale decorazione. Il vaso, con "borchie" fittili alla massima
espansione, presenta sulla spalla tre figure di cervo alternate
a tre di leone alato ottenute ad incisione, e la stessa figurazione si ripete sul coperchio. Una scena figurata con tre uomini a
cavallo alternati a stambecchi e sei coppie di fori in cui erano
probabilmente inserite alcune protomi, si trovano nell'olla,
forse usata come ossuario, della tomba "dei cavalli" il cui corredo, purtroppo manomesso, si può datare al III periodo antico. Nella tomba 5 di via Tiepolo, probabilmente pertinente ad
una donna d'alto rango, vi sono notevoli oggetti d'ornamento
in ambra: collane con vaghi globulari schiacciati, pendagli a

*Anello d'argento con iscrizione
venetica, fine del VI secolo a.C.
(?) e fibula d'oro di tipo
La Tène II.*

*Stele funeraria in calcare
di* Ostiala Gallenia. *Dalla
necropoli di via San Massimo,
I secolo a.C.*

forma di pettine e a forma di pesciolini, pendagli parallelepipedi con decorazione ad "occhio di dado". La tomba 8 rinvenuta nel 1973 nell'area del condominio Sant'Ubaldo, presenta
uno dei corredi più interessanti. Eccezionale è la grande cista
fittile cordonata a fasce rosse e nere imitante il tipo in bronzo,
ampiamente diffuso nel mondo protostorico centro-europeo;
notevoli i due vasi baccellati e l'olla ossuario con teste plastiche di ariete infilate nei fori della spalla.

Nel V e nel IV secolo a.C. a Padova la vita continua florida.
Nelle necropoli, dal IV secolo a.C. alle soglie dell'età romana,
la vita di Padova è documentata solo da abbondanti materiali
sporadici. Tra le tombe più tarde vanno ricordate quella scoperta nel campo sportivo "W. Petron" contenente, fra l'altro,
due situlette bronzee, purtroppo incomplete, e una bella fibula d'argento di tipo La Tène II (esemplare rarissimo, per il
prezioso metallo, nell'ambiente paleoveneto), e la tomba 12
rinvenuta nel 1911 in vicolo I San Massimo, interessante soprattutto per la presenza di alcuni fittili, tra cui un curioso va-
setto-filtro in argilla cinerognola. Tra i materiali sporadici rinvenuti a Padova o nel territorio, ricordiamo l'anello d'argento
rinvenuto a Padova in via Barbarigo, nel fondo di un pozzo, la
cui iscrizione nel castone (*vilkeni* = "di Vilkeni", nome indivi-
duale al genitivo quale attestazione di proprietà), non ha pun-
tuazione per cui è da porre a data piuttosto antica (fine VI secolo a.C.?). Non meno importante è la fibula d'oro, di tipo La
Tène II, con motivi spiraliformi incisi, rinvenuta, a quanto
sembra, ad Este nella tomba Pelà.

*Cavallino bronzeo dalla stipe
di San Pietro Montagnon
(Padova), VI secolo a.C.*

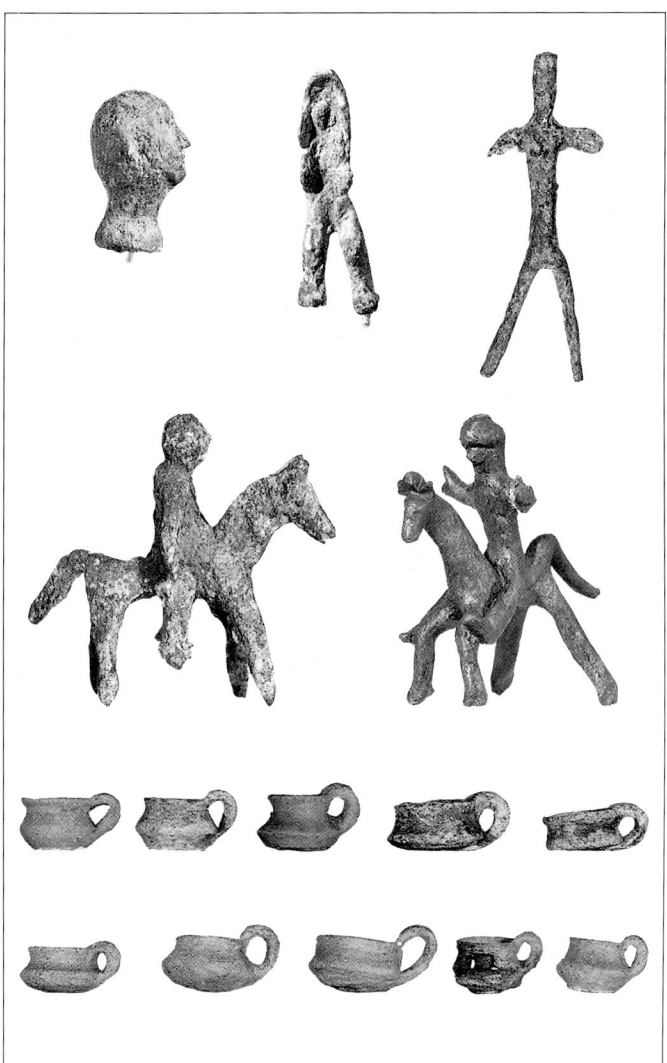

Stipe di San Daniele: statuette votive in bronzo e tazzine fittili miniaturistiche, V-VI secolo a.C.

Le stele figurate

L'individualità culturale di Padova è confermata dalle stele funerarie, unici monumenti di scultura del mondo paleoveneto, esclusivi del territorio occupato dalla città di Padova, in questo assai diversa da Este che conosce solo i cippi funerari iscritti senza figurazione. Sono lastre rettangolari per lo più in calcare dei Colli Berici, talune in trachite euganea, che sorgevano sulle tombe riservate a personaggi di alto livello sociale. Sulla cornice recano incise iscrizioni venetiche e lo specchio centrale è ornato di figure. I soggetti rappresentati sono molto vari, nessun esemplare è uguale all'altro per cui si esclude la ripetizione di uno stesso cartone guida; l'*excursus* cronologico è piuttosto lungo. I monumenti più antichi, come la stele di Camin, richiamano l'arte delle situle. Dal IV secolo a.C. sono evidenti apporti celtici assorbiti e tradotti in un particolare decorativismo lineare, mentre le stele del III secolo a.C. sono

Bronzetti preromani: a) Kore, da Gavello (Adria), fine del VI secolo a.C. b) Libante con patera mesomphalos e brocca del tipo "schnabelkanne", dal territorio padovano (?), V secolo a.C. c) "Madre con bambino", dalla strada detta "delle Seriole", Padova, V-IV secolo a.C.

veramente un'apertura al mondo greco, e rivelano un influsso dell'arte magnogreca, in particolare di Taranto, come osserviamo nella stele che rappresenta la lotta tra un cavaliere loricato e un fante nudo. La notissima stele di *Ostiala Gallenia* chiude la serie di questi tipici monumenti patavini presenti lungo l'arco di ben cinque secoli. Il nome con cui la defunta è designata (prenome di tipo locale e gentilizio romano) attesta il pacifico e graduale passaggio alla romanità.

Le stipi votive

Anche Padova, come Este, ha lasciato numerose attestazioni della religiosità delle sue genti. Sembrano tipicamente patavini i piccoli depositi di oggetti simbolici miniaturistici rinvenuti esclusivamente in area di abitato e verosimilmente collegati a cerimonie propiziatrici di tipo domestico. Altri complessi di materiali votivi sono invece da mettere in rapporto con l'esistenza di luoghi di culto all'aperto, ubicati presso i corsi d'acqua o laghetti. Il più antico santuario paleoveneto si è trovato nell'agro patavino a San Pietro Montagnon, attuale Montegrotto Terme, che doveva essere certamente il centro religioso più venerato e frequentato, meta continua di infermi e di devoti che nell'offerta simbolica cercavano di entrare in contatto con il sacro e dove la divinità manifestava il suo potere attraverso l'azione benefica delle acque solforose. Il carattere comunitario e popolare e la vasta estensione di questo centro cultuale è attestato dall'enorme quantità delle offerte rappresentate soprattutto da vasi e tazzine fittili miniaturistiche, con le quali, è presumibile, i devoti dovevano raccogliere e bere l'acqua salutare, per poi gettarle nel laghetto quali offerte simboliche alla divinità. La sacralità del complesso di San Pietro Montagnon è testimoniata anche dalle offerte, più rare, di cavallini, di cavalieri, di figurine virili e femminili, di gambe e braccia umani: oggetti questi ultimi che, più degli altri, richiamano direttamente il problema salute, malattia, guarigione, preghiera, ringraziamento. Tra i cavallini bronzei, in genere rozzi e di piccole dimensioni, spicca un cavallino che emerge per la resa delle masse plastiche e per l'accurata decorazione incisa. Sulla base dell'alta percentuale di ex voto a forma di cavallini, evocanti il sacrificio di un cavallo bianco praticato dai Veneti in onore di Diomede, è stata formulata l'ipotesi che vede il santuario di San Pietro Montagnon come uno dei principali centri del culto veneto dell'eroe greco.

Piccoli complessi votivi si sono rinvenuti a Padova. Si ricorda innanzitutto quello di San Daniele, con un gruppo di statuette di devoti e devote, guerrieri in assalto, cavalieri e vasetti miniaturistici monoansati, certamente da collegare con atti libatori simbolici (fine V-prima metà IV secolo a.C.). Un altro complesso votivo urbano è quello del "Pozzo Dipinto" rinvenuto in via C. Battisti: consta di cinque bronzetti, tra cui una figurina di Apollo con patera e piccoli ex voto a forma di fallo, attestanti il carattere salutifero della divinità. La stipe di Mortise è collegabile topograficamente con le aree del Piovego e di Camin. Si conservano solo nove bronzetti, cavalieri e guerrieri in assalto, tipologicamente simili alle stipi di San Daniele, del "Pozzo Dipinto" e di San Pietro Montagnon.

I bronzetti

A Padova è accertata l'esistenza di varie officine artigianali collegate con Adria, Spina, Ravenna, da cui coglievano influssi culturali diversi, soprattutto etrusco-umbri. Fra le manifestazioni artistiche dei Paleoveneti i bronzetti occupano un posto di rilievo e costituiscono un raggruppamento a sé con caratteristiche del tutto particolari che li distinguono entro il numero assai consistente di bronzetti italici. Il gruppo di bronzetti etruschi, italici e paleoveneti del Museo Archeologico di Padova copre un arco cronologico che va dal VI al II secolo a.C. Della maggior parte resta comunque sconosciuto il luogo di rinvenimento, il che fa pensare a oggetti provenienti dalla dispersione operata dal commercio antiquario alla fine del secolo scorso o all'inizio di questo. Da ricordare senz'altro la piccola serie di statuette bronzee, *korai*, *kouroi*, offerenti e oranti, che non rientra nel gruppo, a noi noto, della piccola plastica paleoveneta, ma risente piuttosto dell'influenza etrusca, non fosse altro per il tipo di abbigliamento e acconciatura. Interessante la *kore* da Gavello, di tipo nord-etrusco, e degna di attenzione è inoltre la statuetta di libante, caratterizzata soprattutto dal tipo di attributi che il devoto tiene nelle mani: patera *mésomphalos* e brocca del tipo *schnabelkanne*, oggetti di produzione etrusca come etrusco è il rituale della libagione penetrato nel mondo paleoveneto già dal V secolo a.C. La piccola serie di *Ercole combattente* rientra nella numerosa e ben nota produzione di bronzetti italici, per lo più raffiguranti l'eroe ignudo, caratterizzato dalla clava nella mano destra e dalla *leontè* avvolta al braccio sinistro. Va evidenziata l'importanza che assume la piccola plastica paleoveneta, qui rappresentata da una serie di *guerrieri a cavallo* o da *guerrieri in assalto*, nonché da un gruppetto di statuette femminili, delle quali un *unicum*, almeno in ambiente paleoveneto, appare la figurina di *madre con bambino*.

In tema di confronti, alcuni bronzetti ci portano fuori dell'area veneta, a Ravenna: ciò richiama la tardissima notizia di un dominio dei Veneti sulla città, da ritenere probabilmente come una partecipazione etnica. (*G.Z.*)

Ercole in assalto, provenienza sconosciuta, III-II secolo a.C.

Guerriero a cavallo, da Mandriola (Padova), V-IV secolo a.C.

Bronzetti romani: Venere che si toglie il sandalo e Giove stante sulla gamba destra, I-II secolo d.C.

Opus tessellatum *da via Cesare Battisti: particolare del riquadro centrale recante un alberello con foglioline e ramoscelli su cui poggiano due uccellini bezzicanti, I secolo d.C.*

Fregio architettonico con panoplie, da Padova, metà del I secolo d.C.

L'età romana

La romanizzazione

Il lento e graduale, ma ormai inarrestabile processo di romanizzazione che interessò fin dai primi decenni del II secolo a.C. la Gallia Cisalpina e quindi anche il Veneto, finì per mutare da un punto di vista culturale, sociale, politico ed economico, la realtà e le tradizioni locali.

La fondazione della colonia di Aquileia nel 181 a.C., la realizzazione delle vie Postumia ed Annia (148, 131 a.C.), la stessa presenza a Padova già nel 175 a.C. del console Marco Emilio Lepido inviato per porre fine alle lotte intestine che travagliavano la città, o ancora la regolamentazione confinaria fra Patavini e Atestini dovuta al proconsole Lucio Cecilio Metello per precisa deliberazione del Senato romano, sono segni inequivocabili della volontà di Roma di tenere sotto stretto controllo la regione. Tutto si svolse comunque in maniera pacifica e infatti il Veneto, grazie alla tradizionale fedeltà dimostrata alla politica dell'Urbe, venne generalmente risparmiato dalla confisca dei terreni, altrimenti diventati proprietà indiscussa dello stato romano, ossia *ager publicus*. La concessione nei primi decenni del I secolo a.C. del diritto latino ai territori fra le Alpi e il Po, a cui seguì, tra il 49 e il 42 a.C., il riconoscimento di piena cittadinanza, la crescente immigrazione, l'intensificarsi dei rapporti commerciali agevolati da un sempre più organizzato sistema stradale, favorirono e accelerarono la completa romanizzazione dell'area veneta con l'assimilazione più o meno cosciente, voluta o supinamente accettata da parte delle comunità locali, dei moduli di vita romani.

Un documento diretto di questo momento storico è la stele funeraria dedicata ad *Ostiala Gallenia* dove elementi tipicamente veneti si fondono ad altri chiaramente romani: di tradi-

Ritratto di Augusto in marmo, provenienza sconosciuta, metà del I secolo d.C.

Lastra da altare con scena di sacrificio: due vittimari con il toro sulla destra, il sacrificante, un camillus con oinochoe e patera e un suonatore di flauto sulla sinistra, seconda metà del II secolo d.C. (dono di Giuseppe Antonio Bonato, 1829).

*Testa femminile (Afrodite?)
rinvenuta presso Ponte Molino
(Padova), I secolo a.C. - I
secolo d.C.*

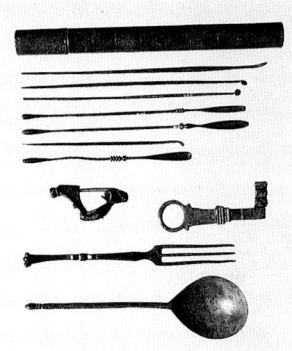

*Bronzi vari di età romana:
astuccio con strumenti
chirurgici, chiave, fibula a
molla bilaterale, cucchiaio
e forchetta.*

zione locale sono ad esempio lo scialle e l'acconciatura della defunta mentre romane sono la biga e le vesti delle due figure maschili; l'iscrizione destrorsa rispetta il formulario venetico ma è in caratteri latini e lo stesso nome della donna è composto da un gentilizio latino, *Gallenia*, e da un nome veneto, *Ostiala*, in posizione di *praenomen*. Nella seconda metà del I secolo a.C. *Patavium* divenne *municipium* assieme ad Altino, Asolo, Oderzo, Belluno, Vicenza, Feltre e Verona. Attorno a questi centri gravitava la campagna circostante divisa, secondo il sistema della centuriazione, in superfici regolari, dette appunto *centuriae*, all'interno delle quali erano distinti i diversi lotti che venivano poi assegnati ai coloni. Quando, alla fine del I secolo a.C., l'Italia, ormai pienamente rappacificata, fu divisa dall'imperatore Augusto in undici circoscrizioni amministrative, il Veneto venne incluso nella X *regio*, la *Venetia et Histria*, che comprendeva i territori tra i fiumi Oglio e Arsa e tra le Alpi e il Po.

Padova in età romana

Strabone, geografo di età augustea, definisce *Patavium* come la più fiorente città della Cisalpina, ricca e popolosa con i suoi cinquecento membri dell'ordine equestre. La ricchezza di Padova, situata al centro di un importante sistema viario, dotata di un porto fluviale collegato con gli altri porti lagunari, si basava su di un commercio particolarmente attivo, su di un'industria laniera assai sviluppata e su di un'agricoltura razionale ed intensiva. La città pertanto venne in breve ad assumere, se pur in modo non ufficiale e per un periodo limitato del primo impero, le caratteristiche di capitale della *Venetia* romana.
Illustri personaggi quali lo storico Tito Livio, il grammatico Asconio Pediano, l'insigne Trasea Peto sono originari di Padova e ne testimoniano l'importanza culturale e politica.
Il mutamento da un punto di vista urbanistico da villaggio paleoveneto a città romana, dovette avvenire in maniera graduale, con la progressiva acquisizione dei modelli edilizi provenienti da Roma, seguendo non tanto un disegno urbanistico prestabilito come in alcune colonie della Cisalpina, ma uno sviluppo di tipo spontaneo.
Ben pochi sono purtroppo i documenti della struttura edilizia di Padova romana giunti fino a noi: ci sono rimasti i ponti lapidei (seconda metà del I secolo a.C.), i resti del teatro e dell'anfiteatro, muri di arginatura, qualche soglia di porta o gradino, alcuni importanti mosaici, frammenti architettonici, fistule di acquedotto, vespai di anfore, tegole e mattoni. Dai resti di pavimenti in cocciopesto (signini) del I secolo a.C., possiamo capire che i Patavini avevano cominciato ad acquisire modelli abitativi romani mentre i bellissimi tessellati policromi di età augustea, del I e II secolo d.C., ci rivelano l'eleganza della pavimentazione di edifici pubblici o privati.
Il grande mosaico rinvenuto in via Oberdan, sotto il palazzo degli Anziani, caratterizzato da un'elegante bordura a girali d'acanto in un campo che racchiude due quadrati inscritti, poggiava su *suspensurae* e pavimentava quindi un ambiente termale riscaldato.
È sempre dal centro cittadino (piazze Pedrocchi e Cavour, via

VIII Febbraio), dalla zona attigua al porto fluviale (Padova era allora attraversata dal *Meduacus* Brenta) che proviene gran parte degli elementi architettonici rinvenuti, ossia basi attiche, colonne scanalate e baccellate, capitelli per lo più corinzieggianti, trabeazioni, fregi riferibili ai primi secoli dell'Impero. Dai frammenti ritrovati *in situ* o fuori opera nell'area Pedrocchi, è possibile ricostruire un colonnato alto circa dieci metri, di ordine corinzio, caratterizzato da imponenti fusti scanalati e possenti architravi, databili ai primi decenni del I secolo d.C. È proprio in quest'area adiacente al porto e in quella limitrofa delle attuali piazze delle Erbe e dei Frutti che appare plausibile porre l'ubicazione del centro politico-amministrativo dell'antica *Patavium*.

Dalle iscrizioni sappiamo che la magistratura più importante era quella dei *quattuorviri*, composta da due coppie di magistrati: i *quattuorviri iure dicundo*, magistrati supremi assimilabili per competenze ai consoli che dovevano convocare il consiglio, ossia l'*ordo decurionum*, e i *quattuorviri aedilicia potestate*, in sottordine ai primi. Sono inoltre documentati i *curatores aerarii* e i *praefecti iure dicundo*. Testimonianza delle abitudini cultuali dei patavini ci è data oltre che da iscrizioni, da due eleganti are cilindriche, da una rozza ma assai espressiva lastra d'altare con scena di sacrificio e dai numerosissimi bronzetti, alcuni di vero pregio artistico, che sembrano voler continuare la vivace tradizione bronzistica dell'età preromana. Questi ci dimostrano come la religione ufficiale di Roma fosse ormai penetrata nella *Venetia* e come le più importanti divinità latine quali Giove, Minerva, Mercurio, Venere, fossero state completamente accettate.

Il magnifico busto di *Sileno*, rinvenuto a lato di via Cesare Battisti, presso la riva del *Meduacus*, vicino quindi all'attivissimo porto fluviale ed al mercato, è insieme documento dell'arredo urbano del II secolo d.C. e vivo simbolo, con i suoi richiami al mito dionisiaco, dei frutti e dell'abbondanza della campagna padovana.

Le piccole erme, le statue femminili, le numerose teste-ritratto sono una piccola testimonianza della statuaria dell'antica

Statuetta fittile di gladiatore, provenienza sconosciuta, I-II secolo d.C.

Tomba romana da Vigorovea (Padova), seconda metà del I secolo d.C.

Stele funeraria "a cippo" con due leoncini accovacciati sugli spioventi, prima metà del I secolo d.C.

Monumento funerario di Claudia Toreuma *rinvenuto alla Mandria (Padova), I secolo d.C.*

Padova che, in alcuni pezzi fortunosamente giunti fino a noi, tradisce l'amore per l'alta cultura figurativa e per le raffinate opere di tradizione greca. Ricordiamo a riguardo la piccola testa di *Afrodite* in marmo greco, recuperata presso ponte Molino, elegantissima copia di un originale del IV secolo a.C. La ricca collezione di vasellame di vetro ci fa pensare ad un uso molto diffuso di questi splendidi oggetti che, più frequentemente destinati alle tombe, solevano impreziosire il corredo delle case più agiate. Ceramica di tipo comune, coppette e piatti in terra sigillata, bicchieri a pareti sottili documentano il vasellame da mensa. Alla vita di ogni giorno ci riportano inoltre le numerosissime lucerne, oggetti di ornamento ed uso personale quali fibule, armille, anelli, pinzette da toilette, aghi, pesi da telaio, *instrumenta* come chiavi, serrature, campanelli, strigili, attrezzi agricoli, ecc. Di particolare interesse i famosi strumenti chirurgici rinvenuti ad Abano, ancora chiusi nel loro intatto astuccio cilindrico.

La vivace statuetta fittile di *gladiatore* che, protetto dietro il grande scudo, stringe la spada proteso verso il suo avversario, ci ricorda la passione che i romani avevano per gli spettacoli e quindi l'anfiteatro, i cui resti si possono vedere all'ingresso del museo, attorno alla Cappella degli Scrovegni.

La grande quantità di anfore conservate ci aiuta a ricostruire una parte dell'attività economica patavina legata alla produzione e al commercio di generi alimentari e ci fa comprendere come non dovettero mancare gli scambi (per quanto riguarda vino, olio, salsa di pesce) prima con la Grecia e l'Italia meridionale, quindi con l'Istria, la Spagna e infine l'Africa.

La documentazione funeraria

Era uso in età antica bruciare e seppellire i morti fuori dall'area urbana, lungo le strade che uscivano dalla città, oltre il *pomerium*, ossia la fascia sacra entro la quale era vietato costruire e dare sepoltura.

L'ubicazione dei reperti funerari ci permette quindi di comprendere non solo il sito e l'estensione delle necropoli ma anche la grandezza del contesto urbano e il suo lento ampliarsi, a causa dell'incremento dell'edilizia pubblica e privata. A nord di *Patavium* una grande area funeraria si estendeva dalla stazione ferroviaria a Ponte Molino con presenze in viale Codalunga, piazza Mazzini e Petrarca; ad est resti di sepolture permettono di tracciare una linea che da via Tommaseo raggiunge le vie Belzoni, Ognissanti, Tiepolo, San Massimo (importante area di necropoli in età paleoveneta) fino a via Crescini; verso meridione particolarmente ricca si è rivelata la zona attigua a Prato della Valle, corso Vittorio Emanuele e piazza Santa Croce; ad ovest reperti sono stati rinvenuti in via Euganea, presso il ponte San Giovanni.

I corredi tombali e i monumenti funerari provenienti da Padova e territorio sono databili per gran parte al I secolo d.C., con qualche sporadico esempio del II e III secolo riferibile per lo più a lastre di altare e frammenti di sarcofago. È infatti durante il I secolo d.C. e parte del II che *Patavium* raggiunse il momento di massima floridezza sia da un punto di vista economico che politico-culturale, cui seguì un periodo di declino sempre più evidente, riscontrabile per altro anche in altre città della *Venetia*. Presso la stazione ferroviaria, durante i lavori effettuati nel 1849 e 1877, si rinvennero un centinaio di tombe, tutte ad incinerazione, per la maggior parte costituite dal consueto corredo di vasi in ceramica comune, sigillata nord-italica, a pareti sottili, olle vitree usate come cinerari, bottiglie, balsamari, lucerne, bronzi (in particolare fibule ed armille). Numerosissime le anfore, spesso segate e usate con tegole a protezione dei corredi. Furono rinvenuti *in situ* due soli monumenti lapidei, rispettivamente dedicati alla famiglia dei *Camerii* e dei *Cartorii*. È quest'ultimo una stele del tipo a pseudoedicola con due nicchie a cassetta sovrapposte, ove si succedono, a gruppi di tre, i ritratti dei defunti: tre adulti sopra, due ragazzi e una ragazza sotto. L'iscrizione ci dice che l'opera venne eseguita quando tutti i componenti della famiglia erano vivi e ciò spiega la contemporaneità delle sculture che, in base alle acconciature e ai caratteri stilistici, sono databili agli inizi del I secolo d.C. Il preciso allineamento delle teste, la netta frontalità e l'assenza di individuazione dei volti, le pieghe sottili e serrate dei capelli e dei panneggi documentano la persistenza in quest'opera della cultura locale, anche nell'adozione di modelli provenienti dall'Urbe. Assai numerosi sono infatti i monumenti che riflettono i moduli espressivi e genuini dell'arte provinciale: ricordiamo ad esempio l'edicola di *Maxsuma*, con pilastrini laterali e frontoncino che coronano la mezza figura femminile, lineare ed appiattita, con mela nella mano destra, oppure la vivace, se pur rozza, stele dei *Sempronii* che nell'ultima parte dell'iscrizione contiene la maledizione contro gli eventuali violatori del sepolcro. La profanazione della tomba era molto temuta in antico ed espressione di ciò è la frequente presenza nei monumenti di sculture a forma di leoni o conigli posti, con funzione apotropaica, a difesa e protezione del defunto (stele di *Aulus Lucanus*, di *Titus Castrucius*, ara di *Sicina Maxsuma*, ecc.).

Nell'ambito della documentazione funeraria patavina non mancano altresì esempi di arte colta. La stele degli *Oppii* ad esempio ci ricorda i modi artistici della Roma repubblicana: entro la nicchia "a cassetta", sono i ritratti di quattro defunti, la realizzazione dei quali, col busto limitato alle spalle, fa ricordare le maschere di cera riproducenti l'immagine degli antenati che, secondo il costume romano, i discendenti delle famiglie patrizie conservavano in appositi armadi ed esponevano in determinate occasioni. Ma il monumento più famoso e singolare è quello dedicato a *Claudia Toreuma*. Elegante e raffinato, questo pezzo è costituito da una colonna fusiforme, nella cui base si rinvenne l'urna in vetro azzurro con le ceneri della giovane danzatrice, morta, come dice l'iscrizione, a soli diciannove anni. La decorazione a foglie d'acanto che avvolge la base, impreziosita da lunghi steli terminanti in fiori, l'eleganza della scultura che rappresenta il nido con gli uccelletti che attendono di essere imbeccati, la poesia dei versi ivi scolpiti, fanno di questo reperto, rinvenuto alla Mandria nel 1821, un esemplare assai prezioso e raro. Insolita è la stele dedicata al cavallo *Egitto*, estremamente semplice nella tipologia e nell'iconografia, ma pur così significativa nel suo immediato tra-

Edicola funeraria dei Volumnii, epoca augustea. Da Monselice (Padova), località Vanzo, 1879.

*Statua in diorite raffigurante
la dea leontocefala* Sakmet,
*Nuovo Regno (dono di
Giovanni Battista Belzoni).*

smetterci quell'amore dei Patavini per i cavalli che risaliva e si
ricollegava alla passione antica, tanto declamata dalle fonti
storiche, del popolo veneto per questi animali. Di particolare
importanza è inoltre l'edicola funeraria dei *Volumnii* proveniente da Vanzo (Monselice), a forma di *naiskos*, posta su alto
basamento in trachite, su cui corre l'iscrizione. Mentre la
struttura architettonica rivela una sostanziale adesione agli
schemi ellenistici, tipicamente romano è l'inserimento, all'interno, di lastre policoniche con i ritratti dei defunti che richiamano le nicchie a cassetta tanto comuni nei sepolcri di Roma e
del Lazio. Bella la quadriga rappresentata nel frontone che
evoca la corsa nell'ultimo viaggio verso l'aldilà, così frequentemente rappresentato nelle stele paleovenete.
Non mancano infine esempi di semplici cippi con indicazioni
relative all'ampiezza dell'area sacra dedicata al defunto, di altari parallelepipedi, are cilindriche, frammenti di urne e di
sarcofagi. (*M.C.N.*)

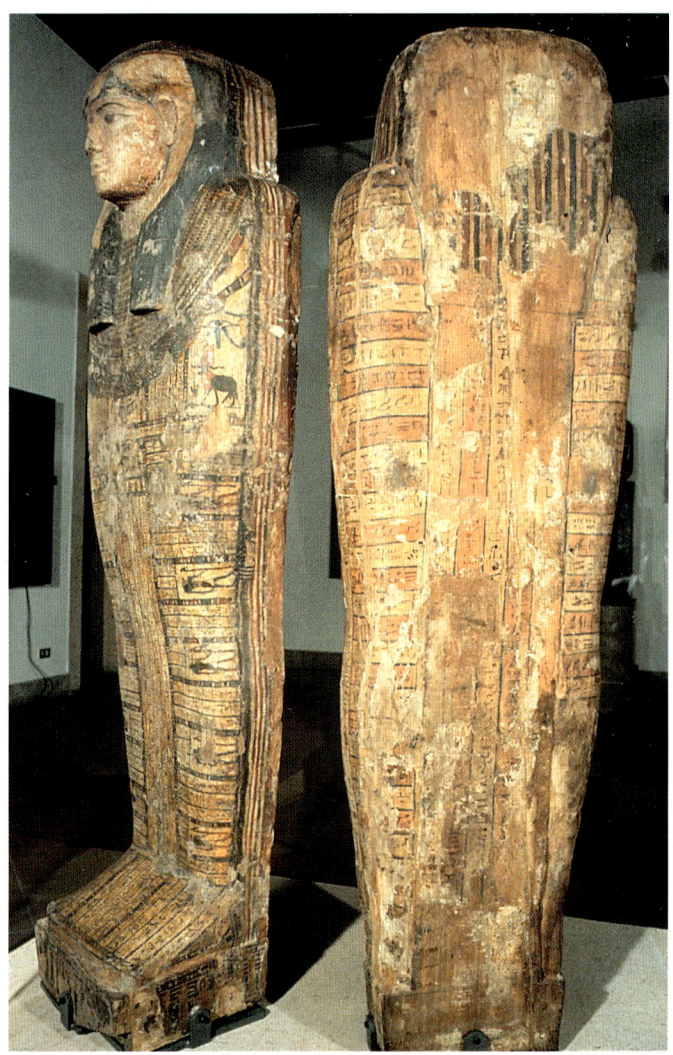

*Cassa di mummia antropoide
di* Meriamon, *600 a.C. circa.*

Materiali da collezioni: la raccolta egizia

Il Museo Archeologico possiede una collezione di oggetti egiziani antichi, notevoli per le caratteristiche tipologiche e stilistiche, anche se eterogenei per età, fattura e provenienza. Si tratta di oggetti pervenuti al museo da varie raccolte locali formatesi nel corso del XIX secolo (Alessi, Bottacin, ecc.) o da doni di privati o da acquisti fatti dal museo stesso. L'area archeologica di provenienza del materiale è quasi sempre ignota, solo in taluni casi è desumibile da elementi ricavati dall'esame dell'oggetto, soprattutto dai dati epigrafici, ove si tratti di oggetti epigrafi. Va ricordato che in epoca antecedente a tali raccolte ebbero sede altre collezioni egiziane risalenti al XVIII secolo, delle quali una si trovava nella villa obiciana del Catajo, sui Colli Euganei, e l'altra apparteneva al senatore veneziano Querini nella villa di Altichiero.

Coppa "ad aironi" della tomba 274 Emo Capodilista, VII secolo a.C. Da Cerveteri.

Di particolare rilievo e interesse è il dono fatto alla sua città dal patavino Giovanni Battista Belzoni, il noto, infaticabile ricercatore e scopritore di antichità egiziane: si tratta di due statue in diorite raffiguranti la dea leontocefala *Sakmet* seduta su seggio, già al palazzo della Ragione. Alcuni importanti papiri aramaici d'età persiana, forse provenienti dall'isola di Elefantina, sono stati donati al museo dagli eredi Belzoni. Dell'attuale collezione patavina spicca senz'altro la cassa di mummia antropoide di *Meriamon*, figlia del nobile principe *Harua* (circa 600 a.C.), e il modello di sarcofago antropoide a testa di sparviero contenente un simulacro di *Osiris* vegetante (III secolo a.C.-III secolo d.C.).

Vanno ricordati, inoltre, altri importanti oggetti, quali la stele funeraria di *Sonb*, proveniente forse da Abido (1785-1600 a.C. circa), la testa maschile in basalto nero del IV secolo a.C. e tre fondi di cassa di mummia, dei quali quello della cantante di *Amon-Ra* re degli dei, *Khemen-Khonsupa-Khered*, è il più notevole per la finezza delle figure e del disegno.

Libro dei Morti di Horo, *figlio di Taesi, contenente una scena di psicostasia e dieci linee verticali di geroglifici, età tarda (deposito del Museo Egizio di Torino).*

A integrare la collezione patavina vi sono oggetti provenienti dal Museo Egizio di Torino, tra cui tre coperchi di vasi canopi e il bell'esemplare del libro dei Morti di *Horo*, figlio di *Taesi*, con scena di psicostasia. (*G.Z.*)

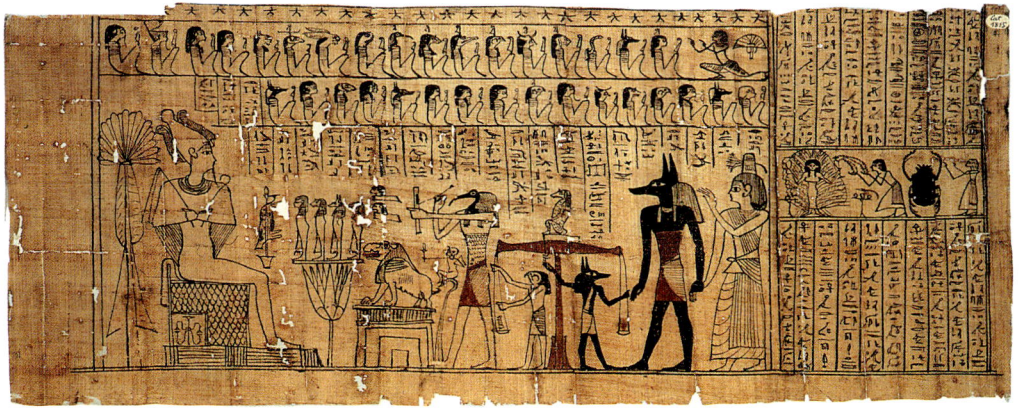

Alabastron, *provenienza sconosciuta*, "Painter-Bird Group", *Corinzio Antico*.

La raccolta etrusca

A partire dal 1961 la Fondazione Lerici di Milano eseguiva, d'accordo con la competente Soprintendenza Archeologica dell'Etruria meridionale, alcuni scavi nella necropoli di Cerveteri, nei fondi di proprietà Ruspoli. Nel 1966 la contessa Giacinta Emo Capodilista, nata principessa Ruspoli, donava al museo di Padova una importante serie di vasi tratti dalla quota a lei assegnata dal Ministero della Pubblica Istruzione, come proprietaria del terreno, sugli scavi Lerici.

Si tratta di cinque corredi tombali provenienti da Cerveteri e di alcuni materiali non appartenenti a identificati corredi tombali, recuperati sporadicamente in gran parte nella necropoli della Banditaccia, zona Bufolareccia, presso la "bucaccia", a nord-est dell'area Laghetto, e per il resto provenienti dalla raccolta già da tempo in possesso dei principi Ruspoli.

Tra le tombe vanno segnalate la n. 274, del tipo a camera semicostruita, per la presenza, in particolare, di ceramica italogeometrica del VII secolo a.C., tra cui spicca la bella coppa "ad aironi", e la tomba n. 263 per la presenza, all'interno del corredo, di un vaso greco di importazione, una *lekythos* attica a figure nere assegnabile al gruppo "Hoplite leaving home". Tra i materiali sporadici, degni di nota sono l'orciolo biconico, simile ai tipi diffusi nella cultura delle tombe a fossa dell'Italia meridionale e ampiamente attestato nel Lazio, in Etruria e nell'agro falisco-capenate, gli *aryballoi* etrusco-corinzi ed alcuni bracieri con decorazione a cilindretto. (*G.Z.*)

Aryballoi *etrusco-corinzi da Cerveteri. Sporadici, collezione Emo Capodilista.*

Cratere attico a figure rosse, IV secolo a.C.

Olpe etrusco-corinza attribuibile al "Pittore dei Rosoni", secondo quarto del VI secolo a.C. (dono di Giancarlo Merletti di Monselice, Padova).

La raccolta greca e italiota

Pregevole è la raccolta di ceramiche greche e italiote formata-si da collezioni private, per lo più ottocentesche, lasciate poi al museo dagli stessi collezionisti, talora dagli eredi. Fra queste, emerge senz'altro la ricca ed eterogenea raccolta di Nicola Bottacin, assembrata durante i suoi numerosi viaggi e il lungo soggiorno triestino. Degna di nota è la raccolta dell'abate Stefano Piombin di Monselice e non vanno neppure dimenticate le raccolte del notaio Baldassare Alessi e di Giancarlo Merletti di Monselice, la cui collezione consta di materiali preistorici, greci, etruschi, italioti e romani.

La ceramica corinzia costituisce un piccolo gruppo di vasi la cui cronologia, per la fase più antica, riposa su un *alabastron* del Transizionale, mentre altri vasi scendono all'ultimo quarto o all'ultimo venticinquennio del V secolo a.C. Di particolare interesse l'*alabastron* XVIII-23, che per alcune caratteristiche tematiche e stilistiche è in connessione con il "Painter-Bird Group" del Corinzio Antico.

Un secondo piccolo gruppo di vasi è costituito da ceramica etrusco-corinzia la quale, come noto, è documentata in parti-

Alla pagina seguente:

Cratere a campana apulo del "Pittore di Graz", secondo quarto del IV secolo a.C. (dono di Adele Sartori Piovene).

Vaso-filtro daunio a decorazione bicroma, V secolo a.C. (ex raccolta Bottacin).

colare dai rinvenimenti nelle necropoli di *Caere*, di Tarquinia, di Veio, soprattutto di Vulci.

Il vaso più notevole è rappresentato dall'*olpe* 1052-M, opera forse del "Pittore dei Rosoni", mentre gli altri oggetti rientrano facilmente nella produzione più comune, caratterizzata da un livello qualitativo quanto mai modesto.

Buona è la raccolta di ceramica attica a figure nere e a figure rosse, costituita da vasi i cui stili richiamano il "Pittore delle mezze palmette", il "Pittore di Haimon" e soprattutto il "Pittore della Megera". Tra i vasi a figure rosse emergono senz'altro la *kylix* XVIII-140, il cui interno è decorato da un'unica figura virile che richiama i modi del "Pittore del Pithos", e il cratere a campana 912-M vicino al "Pittore di Toya", al "Pittore di Rodin 966" e al "Gruppo York Reverse".

Un gruppo consistente di vasi è costituito da materiale italiota, di cui la ceramica apula, campana e lucana occupa un posto particolare. Il riflesso di quelle straordinarie conquiste formali della grande pittura perduta è evidente in questa produzione vascolare locale, non immune dalle influenze dei più avvertiti ceramografi attici, che riflette bene anche lo spirito e gli atteggiamenti della cultura e della società magnogreca del tempo. Per la ceramica apula, la cronologia più alta riposa sul cratere 102533 attribuibile al "Pittore di Graz", seguace del "Pittore di Tarporley", caposcuola dello *stile semplice*, mentre per la ceramica campana il vaso più antico e il più importante è senza dubbio la *lekanis* con coperchio 1145-M, proveniente forse da un'officina "locale" (cfr. il "Pittore di Vitulazio"), sia per la forma della coppa con piede distinto che per l'organizzazione degli elementi decorativi sul coperchio, che vede quattro teste femminili alternate a fasce disposte a croce. La ceramica lucana è rappresentata da un solo esemplare, l'*hydria* 911-M, il cui schema compositivo e il linguaggio espressivo derivano da qualche pittore lucano del "Gruppo del Primato".

Vanno ricordati, inoltre, i vasi appartenenti alla classe di ceramica geometrica daunia, quasi tutti riferibili al subgeometrico daunio I e II. Degno di nota il vaso-filtro XIII-17, che appartiene ad una classe non numerosa, ma certamente utile per la conoscenza della piccola plastica daunia.

Non vanno neppure dimenticati i vasi apuli dello stile di Gnathia, anche se non rivestono particolare importanza dal punto di vista qualitativo e numerico. Sono infatti prodotti standardizzati, di carattere puramente artigianale, la cui decorazione sovrapinta è caratterizzata da motivi vegetali di mediocre fattura, irrigiditi in formule comuni: tralci d'edera con corimbi, viticci, meandri, ma anche motivi teatrali e animali, come osserviamo nell'*oinochoe* XVIII-137, la migliore del gruppo. (*G.Z.*)

Oinochoe, *fine del IV secolo a.C., provenienza sconosciuta.*

Hydria, *"Gruppo del Primato", IV secolo a.C., provenienza sconosciuta.*

Lekanis *con coperchio, "Pittore di Vitulazio" (?), ultimi decenni del IV secolo a.C., provenienza sconosciuta.*

Museo d'Arte Medievale e Moderna

Davide Banzato
Franca Pellegrini

Cenni storici

L'insieme di collezioni che va sotto tale nome, recentemente istituito quale museo autonomo nel complesso dei Musei Civici di Padova, ha la sua origine in epoca veneziana. Il Comune usava decorare la propria sede con dipinti, spesso direttamente commissionati, o altro materiale di pregio artistico.

Nel 1783 venne soppresso il convento di San Giovanni di Verdara, uno dei più interessanti centri di committenza artistica cittadina, le cui ricche collezioni, acquisite dal Demanio, vennero assegnate al Comune che le collocò ad ornamento della propria sede. Nel 1810 le soppressioni di enti religiosi operate dal Regno d'Italia causarono l'indemaniazione dei dipinti di numerose chiese e monasteri padovani.

Nel 1845 venne nominato "cancellista" chi doveva materialmente costituire il museo, Andrea Gloria: egli fu il primo a redigere i cataloghi della Biblioteca e degli oggetti d'arte di proprietà civica e nel 1855 ottenne che nelle stanze del Comune dette del "vicariato" fossero raccolti tutti gli oggetti in precedenza sparsi ad ornamento della sede.

L'anno successivo il Comune acquistò la raccolta di dipinti, codici, incisioni, ecc., di Antonio Piazza, mentre nel 1857 il Gloria convinse l'imperatore Francesco Giuseppe in visita in città a legare al museo i dipinti delle corporazioni religiose soppresse, che stavano per essere dispersi tramite vendita. Nello stesso anno veniva dato alle stampe il primo volume sul museo, nel quale il Gloria chiedeva il concorso della cittadinanza per arricchire la costituenda Pinacoteca. L'appello trovò riscontro presso le famiglie più in vista della città che fecero quasi a gara, nel corso dell'Ottocento, per arricchire il museo con i loro doni, culminati nel 1864 con i 543 dipinti lasciati dal conte Leonardo Emo Capodilista. Lo stesso Comune effettuò in quegli anni acquisti importanti, come la serie di tele dello Zais da palazzo Mussato.

Con l'annessione del Veneto all'Italia, nel 1866, si ebbe una nuova ondata di acquisizioni di opere provenienti da enti religiosi soppressi e tra il 1870 e il 1880 venne sistemata la sede del museo in uno dei chiostri del convento di Sant'Antonio, che era stato precedentemente adibito a caserma e che fu adattato alla nuova funzione da Eugenio Maestri e Camillo Boito, cui si deve la facciata e lo scalone monumentale. Gli incrementi delle collezioni continuarono negli anni seguenti e Andrea Moschetti, direttore dal 1895 al 1939, provvide al loro riordino e alla loro illustrazione scientifica.

Tra le due guerre il museo vide il suo apogeo, dal punto di vista della quantità dei materiali esposti; tale ordinamento fu ridotto in seguito all'ultimo conflitto mondiale. La sede di piazza del Santo venne ceduta dal Comune al convento Antoniano e, causa la sua inadeguatezza, negli ultimi anni si è dato corso al trasferimento delle raccolte nella nuova sede ospitata nei chiostri dell'ex convento degli Eremitani, adattati su progetto di Franco Albini, ma la cui definizione architettonica è purtroppo rimasta incompiuta. Pertanto l'esposizione non è attualmente fissa e varia in rapporto alle fasi successive di riordino e nuova catalogazione scientifica delle collezioni in vista di un futuro definitivo allestimento. (*D.B.*)

Giotto, Croce, 1305 circa, tavola.

*Veduta della sala del Tre
e Quattrocento.*

*Pietro e Giuliano da Rimini,
Crocifissione, frammenti, 1324
circa, affresco staccato.*

La Pinacoteca

Tra le collezioni del Museo d'Arte Medievale e Moderna la più rilevante è certamente la Pinacoteca, che comprende circa tremila pezzi provenienti da istituzioni religiose cittadine – frutto di indemaniazioni successive, a partire dalla Repubblica Veneta fino al Regno d'Italia – e da doni di privati cittadini, devoluti soprattutto nel corso dell'Ottocento. Si illustrano qui i pezzi più importanti storicamente e quelli di più notevoli qualità, opere degne di una permanente ostensione, al di là delle difficoltà espositive del momento attuale.

Il percorso storico inizia con un'importante opera di Giotto, al quale si deve l'affrancamento del linguaggio pittorico in città dalle precedenti formulazioni bizantineggianti in città. Si tratta della *Croce* dipinta per la Cappella degli Scrovegni, la cui datazione oscilla tra l'epoca di quegli affreschi (1305) e quella della perduta decorazione del Salone, circa un decennio dopo. Le forti componenti gotiche e la bellezza e profondità umana della figura sono testimonianza dell'altissimo linguaggio del maestro. Nel 1324 venivano chiamati dai monaci degli Eremitani gli allievi riminesi di Giotto, Pietro e Giuliano, per eseguire un polittico, oggi perduto, destinato all'altare maggiore della chiesa.

Coevi sono gli affreschi con *Scene della vita di Cristo* da una delle cappelle dei chiostri del convento che, staccati nel 1873, ci sono giunti in uno stato frammentario. Costituiscono un ulteriore documento della diffusione del giottismo a Padova e, nelle parti meglio conservate, di notevole qualità, mostrano un aggiornamento dei moduli appresi dalle opere riminesi di Giotto sugli schemi degli Scrovegni.

La nascita di una scuola padovana si verifica a partire da Guariento, personalità che caratterizza la pittura in città fino agli anni sessanta. Fu il primo a ricoprire la funzione di pittore di corte presso i Carraresi e i suoi interventi, a partire dalla decorazione delle tombe di Ubertino e Giacomo da Carrara fino ai tardi affreschi per l'abside della chiesa degli Eremitani, nascono quasi sempre su commissione della Signoria, manifestando un'evoluzione da componenti giottesche e bizantineggianti verso un accentuato goticismo e una sempre più articolata capacità di organizzare scene spazialmente complesse. Oltre al *Busto di Redentore*, frammento di una croce giovanile, rimane nelle raccolte civiche la decorazione del soffitto della cappella della corte carrarese. Tale complesso, smontato nel 1779 e mutilo, in quanto alcuni pezzi sono scomparsi e altri sono dispersi in altri musei e collezioni, dal 1902 è proprietà del Museo Bottacin. Le tavole rappresentano una serie di gerarchie angeliche che, secondo un'elaborata concezione teologica, si legavano agli affreschi rimasti *in situ*, connotati da una più marcata dimensione narrativa. Si tratta di uno dei momenti più alti dell'arte di Guariento; nelle figure, oltre ad una ieraticità di origine bizantina, si coglie una decisa accettazione di stilemi gotici forse tratti dalla statuaria di Giovanni Pisano.

Altre tavole di provenienza collezionistica (legati Piombin e Barbaran) permettono di vedere quanto si elaborava contemporaneamente a Venezia.

La cuspide di polittico con la *Madonna con il Bambino* (1330 circa) attribuita al cosiddetto Maestro dell'Incoronazione della Vergine, da alcuni identificato con Marco, il fratello maggiore di Paolo Veneziano, è testimonianza dell'infatuazione bizantino-paleologa di metà secolo dei pittori attivi tra le lagune. Notevole, per quanto assai danneggiata, è una *Madonna con il Bambino*, scomparto centrale di un polittico, datata 1361 e firmata da Lorenzo Veneziano, pittore che ereditò la bottega di Paolo Veneziano orientandone la produzione in senso pienamente gotico. Il *San Cristoforo* di Giovanni da Bologna, eseguito nel 1377 per la scuola dei Mercanti di Venezia, è opera di grande qualità e perfetta conservazione, indicativa del momento di passaggio della pittura trecentesca veneziana al gotico estremo.

Il museo non conserva opere di quanti succedettero a Guariento al servizio dei Carraresi – Giusto Menabuoi e Altichiero in particolare – non solo a causa della rarità o dispersione dei testi figurativi ma anche per gli esiti di una cultura che si dispiegava di preferenza nei grandi cicli di affreschi, tuttora esistenti, in numerosi edifici di culto della città. Resta un riflesso di questo mondo figurativo negli affreschi staccati dalla cappella di Santa Maria già nella chiesa di San Michele, eseguiti nel 1397 da Jacopo da Verona, collaboratore di Altichiero all'Oratorio di San Giorgio. Le scene con *Pentecoste*, *Ascensione*, *Dormitio Virginis*, destinate a rimanere al museo fino alla riapertura al pubblico della loro sede originaria, furono commissionate da Pietro de Bovi, cugino del direttore della zecca carrarese, e ci tramandano in un gruppo di ritratti le fattezze degli ultimi signori della città. Sono una traduzione "borghese" delle grandiose scenografie altichieresche e un documento del gusto corrente pochi anni prima della caduta della Signoria. Di quest'epoca è un altro affresco staccato dalla chiesa di San Michele, la *Madonna tra i santi Giacomo e Antonio abate*, che è stato recentemente avvicinato al fiorentino Cennino Cennini, autore del primo manuale rimastoci sulle tecniche ar-

Giovanni da Bologna,
San Cristoforo, 1377, tavola.

Arazziere francese, Storia
di Jourdain de Blaye: incontro
di Fromon e Girart, fine
del XIV secolo, arazzo,
particolare.

Francesco dei Franceschi,
Polittico, 1447, tavola,
particolare.

tistiche, *Il libro dell'arte*, scritto durante il suo soggiorno a Padova tra il 1398 e il 1400.

Sullo scorcio del secolo si colloca anche un arazzo di Arras di eccezionale bellezza e rarità che rappresenta la *Storia di Jourdain de Blaye*, parte di una serie ispirata a un poema cavalleresco in voga in Francia dalla metà del XIII secolo. L'opera, di grandiosa concezione fantastica e di straordinaria efficacia decorativa, è testimonianza di una produzione destinata già in origine all'esportazione che diffondeva, secondo un linguaggio internazionale, i fasti del mondo gotico.

Dei primi decenni del Quattrocento si conservano opere che mostrano la diffusione del linguaggio pittorico gotico internazionale veneziano, evidente nella *Crocifissione* di Jacobello del Fiore e nella *Madonna con il Bambino, santi e devoti*, una delle prime opere note eseguite su tela (1409) per la fraglia di Santa Maria dei Servi. Anche della stagione estrema del tardogotico veneto conserviamo tracce rilevanti. Del principale esponente di questa corrente, Michele Giambono, è un *Santo Vescovo*, parte di uno smembrato polittico eseguito forse per la chiesa di San Michele (altri frammenti della sua ipotetica ricostruzione si trovano nella collezione Emo Capodilista). La tavola mostra la sua capacità di legare la profondità dell'espressione ad una sontuosa eleganza decorativa. L'estremo raggiungimento di queste tendenze figurative in città è costituito dal *polittico* eseguito nel 1447 dal suo seguace Francesco dei Franceschi per le monache di San Pietro, nel quale la preziosità delle tinte di smalto arriva alla smaterializzazione della forma trasformata in puro arabesco decorativo.

La Pinacoteca non documenta quello straordinario momento creativo che vide a Padova le presenze di Paolo Uccello, del Lippi, di Donatello e che portò alla nascita in città del linguaggio rinascimentale. Rimane peraltro un testo assai significativo, il *Polittico de Lazara* dipinto, stando ai documenti, tra il 1449 e il 1452 da Francesco Squarcione per l'omonima cappella

Francesco Squarcione,
Polittico de Lazara,
1449-52, tavola.

Jacopo Bellini, Discesa di Cristo al Limbo, 1459-60, tavola.

nella chiesa del Carmine. La figura dello Squarcione è il nodo focale di quelle tendenze che portarono alla metà del secolo alla formazione di una comune base linguistica nell'arte padovana. È opera in bilico tra due culture: elementi presi dall'antico sono sorretti da tentativi prospettici che però non godono di una struttura spaziale pienamente razionalizzata mentre le esili figure, nel loro linearismo calligrafico, mantengono vivo il ricordo del tardogotico. La *Madonna con il Bambino* è testimonianza di una sua successiva evoluzione verso forme più consapevolmente rinascimentali.

I testi che permettono di documentare la produzione cittadina nella seconda metà del secolo sono pochi. Di Nicolò Pizolo e Andrea Mantegna, le principali personalità padovane del Rinascimento, non rimane nulla al museo. Questa carenza è in parte compensata dalla vicinanza fisica con la cappella Ovetari, principale testo in città della pittura rinnovata. Possediamo alcune opere che possono venire collegate alla temperie culturale di quegli anni. Verso il 1459-60 viene generalmente datata la *Discesa di Cristo al Limbo* di Jacopo Bellini, la cui composizione è strettamente legata ad una incisione di Mantegna. Insieme ad altri pezzi di analoghe dimensioni, conservati al Museo Correr e alla Pinacoteca di Ferrara, formava la predella di una pala da alcuni critici identificata con quella eseguita da Jacopo e figli per la cappella Gattamelata al Santo. Successivamente alla partenza di Mantegna (1460) la pittura a Padova dovette conoscere un'involuzione. Della personalità locale di maggior rilievo, Jacopo Parisati da Montagnana, ricordato dal Vasari tra gli allievi di Giovanni Bellini, è una *Madonna con il Bambino* (1470 circa), giovanile affresco da casa Obizzi. In altre opere, che se non sono della sua mano sono strettamente riconducibili al suo gusto, come il *trittico* (1475 circa) proveniente dalla chiesa dei Servi, si nota l'intersecarsi nella produzione artistica cittadina di modelli derivanti da un substrato mantegnesco con schemi di origine veneziana. I frammenti di affresco provenienti dal distrutto capitolo dei Santi Marco e Sebastiano in piazza del Duomo, dipinti nel 1481 da un anonimo, attestano, a decenni di distanza, la persistenza delle costruzioni formali del Mantegna della cappella Ovetari. Due tele di Lazzaro Bastiani, già portelle d'organo della chiesa di San Michele, mostrano una combinazione di elementi padovani e veneziani-muranesi confermando, nell'ultimo decennio del secolo, la diffusione della cultura veneziana.

Andrea Previtali, Madonna con il Bambino e donatore, 1502, tavola.

Prospero da Piazzola (?), Natività, primo decennio del XVI secolo, tavola.

Oltre alle opere legate alla storia della città si conservano numerosi dipinti di provenienza collezionistica databili entro gli ultimi trent'anni del Quattrocento e il primo quarto del Cinquecento. Da ricordare il *Ritratto* di Alvise Vivarini (1480-85 circa), testimonianza dell'influsso di Antonello da Messina sulla pittura veneziana, le *Madonne* di Jacopo da Valenza e Lazzaro Bastiani rispondenti a una matrice culturale muranese, le numerose opere di bottega, copie o derivazioni da Giovanni Bellini. Vi sono anche dipinti di altre scuole nord-italiane: tra i più notevoli la *Spedizione degli Argonauti* di Lorenzo Costa, parte di due pannelli di cassoni nuziali smembrati tra vari musei e collezioni (1485 circa), e la *Madonna con il Bambino* (1503 circa) di Boccaccio Boccaccino, proveniente dal convento delle Eremite, importante documento del momento veneziano dell'artista. A doni di privati si deve anche la presenza di un piccolo ma notevole nucleo di opere lombarde. La *Madonna con il Bambino* di Andrea Previtali datata 1502 e la *Sacra conversazione* di Bernardino Luini (1507 circa) mettono in luce i giovanili contatti di questi artisti con la cultura figurativa lagunare, mentre la bella tavola di Bernardo Zenale con *Tre angeli* (ultimo decennio del Quattrocento), già cimasa della *Pietà* ora a Nizza, e una di Albertino Piazza portano nelle nostre raccolte un riflesso del leonardismo. Da segnalare anche la *Sacra Famiglia* del Garofalo, caratterizzata da un raffaellismo di stretta osservanza.

Esauriente è invece il panorama che si coglie nelle opere conservate dal museo per quanto riguarda la Padova del Cinquecento. Una *Natività* per la quale è stato fatto di recente il nome del padovano Prospero da Piazzola ci trasmette un riflesso del mondo figurativo cittadino del primo decennio del secolo, orientato su scelte che denunciano un forte retaggio tardoquattrocentesco, legandosi stilisticamente ai primi riquadri eseguiti a decorazione della scuola del Santo. Proprio in quella sede cominciano a presentarsi gli elementi nuovi, con l'inter-

Lorenzo Costa, La spedizione degli Argonauti, 1485 circa, tavola.

vento di Tiziano nel 1511. A due anni di distanza, il 30 aprile
1513, veniva affidata al bresciano Girolamo Romanino l'esecuzione dell'*Ultima Cena* per il refettorio di Santa Giustina, in
cui si notano elementi culturali compositi: lo studio delle opere
di Tiziano al Santo, ricordi del Bramantino e una carica di forte realismo rivelatrice della conoscenza dell'arte nordica. La
Pala di Santa Giustina, enorme dipinto su supporto ligneo,
eseguita per il "coro vecchio" della basilica forse l'anno seguente, entro una concezione prospettica lombarda, costituisce il personale approdo dell'artista alla civiltà del colore im-
postata da Tiziano e il punto più alto della sua parabola stilistica. Quanto avverrà a Padova negli anni successivi sarà il frutto di una congiuntura tra gli elementi culturali di origine lombarda importati dal Romanino, il substrato locale e il colorismo tizianesco. Oltre a Giovan Pietro Silvio, attivo per i
benedettini di Santa Giustina tra il 1515 e il 1520, la figura che
meglio caratterizza quegli anni è Girolamo dal Santo. Nella
Deposizione, suo grande affresco staccato da Santa Giustina,
sono evidenti, in una traduzione popolare, l'influsso dell'e-
spressionismo del Romanino e del colorismo di Tiziano.
La messa a punto di un linguaggio locale, configurato nei termini di una vera scuola, si lega alla figura di Domenico Campagnola, già dal 1523 a Padova. Si può seguire la sua carriera a
partire dalla *Decollazione del Battista* (1530 circa) proveniente da casa Amati a Santa Croce, opera aggiornata sugli esiti di
Pordenone e di Tiziano. Dalla seconda metà degli anni venti
doveva essere già attivo Stefano dall'Arzere, sempre strettamente collegato al Campagnola nelle sue imprese. Suoi saggi
giovanili sono un *San Pietro* e un *San Paolo* e l'*Adorazione dei
pastori* eseguita per la distrutta chiesa di Sant'Agostino (1537
circa). In queste opere si avverte come Stefano si muova, seppure con una certa autonomia, parallelamente al suo maestro
nella recezione di un tizianismo fortemente venato dal giganti-

*Domenico Campagnola,
Madonna e santi; 1537, tela.*

*Girolamo Romanino, Pala di
Santa Giustina, 1514, tavola.*

*Paolo Veronese, Martirio
dei santi Primo e Feliciano,
1562, tela.*

Stefano dall'Arzere,
Adorazione dei pastori, 1537
circa, tela.

smo del Pordenone. Infiltrazioni di pittura friulana a Padova si erano già verificate nel *polittico* eseguito nel 1533 da Sebastiano Florigerio per l'Oratorio di San Bovo del quale si conservano i pannelli con *San Rocco* e *San Sebastiano*. Una chiara immagine della committenza civile viene dalle due tele per il concorso del 1537 per un dipinto da collocarsi nella Loggia del Consiglio, eseguite rispettivamente da Lodovico Fiumicelli e dal Campagnola. Nella *Madonna e santi* di quest'ultimo vediamo mitigato il robusto plasticismo delle opere giovanili dalla raffinatezza della stesura pittorica e da uno stile che si precisa in una eleganza formale manieristica ricca di decorativismo. Pochi anni dopo (1541), il passaggio per Padova di Giuseppe Porta Salviati recò una serie di novità che si richiamavano a quanto era stato elaborato a Roma nel campo della decorazione parietale e che furono immediatamente accolte dai pittori padovani. Ritroviamo il gusto di origine romana nei pochi affreschi rimastici della decorazione della casa del giureconsulto e collezionista Marco Mantova Benavides, figure allegoriche dell'inizio degli anni quaranta dubitativamente attribuite all'olandese Lambert Sustris, latore di un rinnovato influsso romano. Si conservano anche due sue piccole tavole provenienti dal monastero della Misericordia, parte forse di una *Via Crucis*. Le grandi tavole eseguite alla metà degli anni quaranta da Stefano dall'Arzere per un soffitto di casa Mocenigo mostrano ancora legami con la cultura salviatesca. Nelle opere del Campagnola del sesto decennio, la *Cena in casa del fariseo* per il refettorio di Santa Giustina e le pale per Praglia, si nota la persistenza degli influssi manieristi centro-italiani e l'attenzione verso quanto contemporaneamente si verificava a Venezia. L'evoluzione parallela degli stili del Campagnola e Stefano dall'Arzere si osserva anche nelle opere tarde, quali la *Resurrezione* dalla distrutta chiesa di Sant'Agostino dell'uno e la grandiosa *Crocifissione* da San Giovanni di Verdara dell'altro, caratterizzate dalla sempre più consapevole accettazione di un maturo linguaggio manieristico.

Scomparsi dalla scena questi artisti, all'inizio degli anni sessanta la committenza in città e nel territorio si assicurò alcuni dei più bei nomi della pittura veneta del maturo Cinquecento. Di Jacopo Tintoretto oltre alla splendida, visionaria e allucinata *Crocifissione* (1545 circa, legato Valentinelli) si conserva la *Cena in casa di Simone* (1562) per uno degli altari di Praglia. Alla committenza benedettina si devono, fino alla fine del settimo decennio, gli interventi più prestigiosi. Paolo Veronese, se si accetta la precoce datazione del *Martirio di santa Giustina*, proveniente dalla galleria abbaziale del monastero padovano, dovette essere in contatto con l'ordine già dalla metà degli anni cinquanta. L'opera, una delle più celebrate dell'artista, è senz'altro la sua più riuscita redazione di questo soggetto. Il *Martirio dei santi Primo e Feliciano* (1562) per uno degli altari di Praglia è stupendo esempio della sua pittura chiara e luminosa, mentre l'*Ultima cena* per il convento dei Cappuccini, concepita in una drammatica atmosfera tintorettesca, e la stupenda *Crocifissione* (inizio degli anni ottanta), unica opera nota dell'artista eseguita sulla nera pietra di paragone e proveniente dalla collezione abbaziale di Santa Giustina, ci mostrano aspetti della sua tarda maniera improntata dalla predilezione per le ambientazioni notturne. Dalla fine degli anni cinquanta è attivo a Padova e nel territorio un altro artista veronese, Giovan Battista Zelotti: di quest'epoca sono le portelle d'organo della demolita chiesa della Misericordia, lungamente attribuite allo stesso Veronese; circa l'intervento a Praglia dello Zelotti (1559-62), l'*Assunta* e le ante d'organo manifestano il suo manierismo grandioso e decorativo, orientato sulla pittura chiara del Veronese. Soprattutto dalle vecchie raccolte cittadine (collezione Fantoni, galleria abbaziale di Santa Giustina) proviene quel gruppo di dipinti che ci permette di documentare l'attività della bottega bassanesca. Il più noto è senz'altro la *Predica di san Paolo* (1560 circa), piccolo notevolissimo bozzetto di Jacopo per una perduta pala, uno dei rarissimi esempi di questo suo tipo di produzione. Le tele di Francesco e Gerolamo, nella frequente ripetizione degli stessi temi e composizioni, dimostrano la fortuna che questo tipo di pittura, già di genere, incontrava nel collezionismo di fine secolo. La *Partenza di Abramo per Canaan* e il *Cristo deriso* di Francesco, l'*Adorazione dei pastori* di Gerolamo sono nobili esempi della divulgazione delle idee di Jacopo da parte dei suoi figli, mentre la specializzazione di Leandro nel ritratto è attestata dal *Ritratto di Alvise Corradini*, saggio di immediatezza espressiva e fine introspezione psicologica. Per la maggior parte dalla galleria abbaziale di Santa Giustina viene un gruppo di dipinti di piccole dimensioni, legati a spunti devozionali di carattere privato, eseguiti su pietra di paragone (lidite), anticamente usata per saggiare l'oro, il cui fondo nero asseconda la realizzazione di scene notturne. Sono opere di Paolo Farinati, Felice Brusasorci, Creara e Turchi, i nomi più importanti del tardomanierismo veronese. Dall'inizio dell'ottavo decennio si registra a Padova la presenza di Dario Varotari, erede della committenza del Campagnola e della sua bottega. Nella grande tela per il Comune con l'*Allegoria della Lega santa* (1573), l'artista accoglie suggestioni veronesiane, tizianesche, tintorettesche ben visibili anche negli esempi del-

Jacopo Bassano, Predica di san Paolo, 1560 circa, tela.

Jacopo Tintoretto, Crocifissione, 1545 circa, tela.

Felice Brusasorci, Martirio di santa Giustina, 1584 circa, pietra di paragone.

Padovanino, Giuditta, 1620 circa, tela.

Tiberio Tinelli, Ritratto di Emilia Papafava Borromei, 1635-38 circa, tela.

la sua produzione destinata agli altari delle chiese di Praglia (1578), Sant'Egidio (1591) e degli Orfani Nazareni (1594).

L'inizio del Seicento vede la presenza in città di opere dei più accreditati rappresentanti della pittura veneziana tardomanieristica. Della copiosa produzione per Padova di Jacopo Negretti detto Palma il Giovane, discende dalla committenza del Comune l'*Esaltazione dei rettori di Padova* (1591 circa), che dà inizio a quel genere di grandi allegorie che i magistrati veneziani di terraferma lasciavano nelle città nelle quali avevano esercitato il loro mandato. Opere come il *Miracolo di santa Francesca Romana* da San Benedetto (1620 circa), lo vedono perpetuare sempre più stancamente un contenuto devozionale di ascendenza tridentina. Di altri protagonisti della stagione ultima del Cinquecento si conservano al museo opere che portano alle estreme conseguenze il linguaggio dei grandi maestri. Esempi significativi sono la pala eseguita dal Corona per il convento di Sant'Agata e la *Deposizione* di Andrea Vicentino per Santa Giustina.

Le opere dei secoli successivi non sono attualmente esposte ma costituiscono un insieme di grande rilevanza. Nel corso del Seicento Padova è il centro pittorico più attivo del Veneto dopo Venezia. Anche se i pittori qui formatisi operarono in prevalenza nella capitale, il museo documenta quanto si verificò in città in quel secolo e illustra quel complesso intersecarsi di tendenze che caratterizzano la pittura veneta. La committenza non è solo religiosa e civile; lo stimolo più forte sembra venire dal collezionismo privato. La grande tela per Ca' Lando del Bissoni denuncia ancora un forte retaggio del passato veronesiano, ma un desiderio di rinnovamento, di una reazione al farraginoso comporre tardomanieristico per un ritorno alla leggibilità dell'immagine, è evidente già nelle pale di Pietro Damini per il convento di Santo Stefano (1625-30). Il ritorno alla sobrietà formale avviene in termini ben più consapevoli nel Padovanino, attivo da noi fino al 1614, il cui recupero del classicismo di Tiziano si realizza nella chiave reazionaria ma coraggiosa dell'accademismo. Ci mancano esempi di grandi tele, ma opere quali *Betsabea* e *Giuditta* (dono Cittadella-Vigodarzere) evidenziano quanto fossero graditi ai collezionisti simili adattamenti profani di temi religiosi. Queste tendenze caratterizzano Padova fino alla metà degli anni trenta del secolo, quando il soggiorno di Luca Ferrari introdusse elementi del classicismo emiliano, l'uso di colori chiari e di grandiose costruzioni formali. Di questo periodo rimangono altri testi importanti: del Tinelli va ricordato lo stupendo *Ritratto di Emilia Papafava Borromei* (1635-38 circa), ultimo ritratto documentato dell'artista, indicativo della sua vena estremamente attenta alla resa ufficiale del personaggio, ma intima e psicologicamente penetrante. Dei pittori stranieri che rinnovarono in senso barocco la pittura veneta, tra i quali Bernardo Strozzi e Nicolò Renieri, rimangono opere nella collezione Emo Capodilista, mentre fra quanti dei veneti accolsero la loro lezione va ricordato Pietro Vecchia. La sua *Testa di guerriero*, dalla collezione Cavalli, mostra l'ossequio verso il passato mondo di Giorgione e Tiziano, caricato dell'enfasi grottesca barocca. La corrente "libertina" di questa generazione di pittori è rappre-

Giulio Carpioni, Allegoria della pittura, 1660-65 circa, tela.

Sebastiano Mazzoni, Ritratto di capitano, 1670 circa, tela.

sentata principalmente dal padovano Pietro Liberi (attivo in città anche nella produzione religiosa, soprattutto nel settimo decennio), del quale ci resta un probabile *Autoritratto*; di suo figlio Marco la *Venere e Cupido* e il *Bacco fanciullo* sono esempi di una pittura mitologica e allegorica, chiara e brillante, particolarmente incline al gusto ornamentale dei collezionisti. La componente classicistica nel barocco veneto trova un interprete in Giulio Carpioni, la cui *Allegoria della pittura* lo identifica quale "Poussin del Veneto". Di altri artisti venuti da fuori, destinati a dare un'ulteriore impronta classicistica alla pittura in città, restano le tele dell'emiliano Canuti per San Benedetto (1667) e quelle del lucchese Pietro Ricchi, la cui *Resurrezione* (1660-65) per la chiesa di Santo Stefano è opera dal forte chiaroscuro e dal saldo senso della forma. Toscano era anche Sebastiano Mazzoni, fautore di una pittura estrosa e ricca di inventiva. Il suo *Ritratto di capitano* (legato Piombin) nel gusto ampolloso e tronfiamente grottesco e nel colorito sciolto e brillante, è stato giustamente considerato una delle migliori realizzazioni di questo tipo di tutto il secolo. Anche della corrente detta dei "tenebrosi" che, sulla scia del naturalismo enfatico e fortemente chiaroscurato di Ribera e Luca Giordano, doveva egemonizzare la pittura veneta fino agli anni settanta si conservano prove significative. Nativo di Este, e molto attivo a Padova nella sua lunga carriera, fu Antonio Zanchi. *Plutone e Proserpina* e *Lot e le figlie* (1697 circa) sono saggi di bravura anatomica e naturalistica, soggetti religiosi e mitologici presi a pretesto per tramandare una tematica erotica cara ai collezionisti. Un patetismo più accentuato si coglie nei truculenti soggetti del bavarese Johann Karl Loth, autore di una pala per Santa Giustina. Nella collezione abbaziale di quel monastero erano il *San Gerolamo* e il *San Sebastiano*. Nelle opere di Andrea Celesti, la *Carità romana* o la *Sacra Famiglia*, il naturalismo tenebroso si stempera nel senso di un patetismo più contenuto e carico di grazia. Nell'epoca della corrente dei tenebrosi, e forse stimolata da questa, si sviluppa quella dei "pittori della realtà". Costoro aprivano ai collezionisti il gusto della scena di genere di derivazione romana, della ripresa del mondo popolare. A Padova fu attivo Matteo dei Pitocchi, così detto per la sua abitudine di rappresentare mendi-

Marco Ricci, Marina con molo, 1715 circa, tela.

canti. Nella *Veduta di piazza delle Frutta* oltre alla consueta visione di una minuta realtà ci viene offerto un documento dell'antico assetto di una delle piazze del mercato. Di Pietro Bellotti è un *Ritratto di vecchia* di recente acquisizione, sua tipica visione iperrealistica di una popolana, mentre del messinese Onofrio Gabrielli, attivo anche nella produzione religiosa, si conserva la *Merlettaia con la maestra*, scena di genere cara al collezionismo, proveniente dalla vecchia raccolta della famiglia Borromei. I caratteri più tipici della scuola padovana della fine del secolo si riscontrano nella copiosissima produzione di Francesco Zanella. Le ante d'organo con *David suona l'arpa* e *Santa Cecilia* sono tipiche della sua fase avanzata, caratterizzata dal colore chiaro e da una pittura mossa e animata che richiama quella di Luca Ferrari. Delle pitture di battaglie, paesaggi e marine, care alle esigenze di arredamento dei privati, oltre alle opere dell'austriaco Eismann, importatore della veduta di capriccio alla romana, si conservano cose dei primi pittori veneti attivi in questo tipo di produzione: dai paesaggi "eroici" di Antonio Marini, esemplati su Salvator Rosa, alle vedute un po' arruffate del Pedon, alle luminose visioni di Marco Ricci. Di quest'ultimo, la *Marina con molo* e il *Paesaggio con frati* costituiscono già un tipo di veduta pienamente settecentesca.

Con il Settecento la pittura padovana tende a perdere le sue peculiarità. La committenza riesce comunque ad assicurarsi i nomi più celebrati e la Pinacoteca documenta quasi tutte le più importanti esperienze del secolo. Delle tendenze accademizzanti e classicistiche, che videro la presenza all'inizio del secolo di Sebastiano Ricci a Santa Giustina e del Pellegrini alla basilica del Santo, restano l'*Achille e Chirone* del primo e due soggetti storici del secondo; quest'ultimo fu attivo anche nella realizzazione delle pale per le cappelle radiali del Santo, eseguite a partire dal 1734, che vedono, tra l'altro, gli interventi del Pittoni, del Tiepolo, del Ceruti, del Piazzetta e del Mag-

Sebastiano Ricci, Achille e Chirone, 1705-07 circa, tela.

Giovan Battista Piazzetta, Cena in Emaus, 1745, tela.

Giambattista Tiepolo, Miracolo di San Paolino, 1746, tela.

Giovanni Bellini, Ritratto di
senatore, 1480-90 circa, tavola.

Pietro Longhi, Lezione di Geografia, prima del 1760, tela.

giotto. Di questa stagione della pittura rococò rimangono al museo le pale dipinte dal Rotari per la chiesa di San Giovanni di Verdara (1741 circa), la *Cena in Emaus* (1745) del Piazzetta per il refettorio di quel convento, opera dalla drammatica concezione e dall'intenso chiaroscuro. Sempre per San Giovanni di Verdara il Tiepolo eseguì il *Miracolo di san Paolino* (1746), capolavoro della maturità, che nell'ardita impostazione e nel colore brillante recupera il mondo del Veronese. Suo anche un giovanile *Cristo nell'orto*, identico nell'impostazione a una tela dello stesso soggetto dovuta a Gaspare Diziani, uno dei protagonisti della pittura in città negli anni cinquanta. Di questo periodo possediamo anche dipinti di Nicola Grassi, principale rappresentante della corrente detta del "rococò patetico". La seconda metà del secolo vede soprattutto l'attività degli epigoni dei grandi maestri per un tipo di committenza ormai quasi esclusivamente privata. Già le opere di carattere religioso, come le *Madonne* di Giandomenico Tiepolo o Francesco Guardi nascono in tale dimensione e vengono da doni di collezionisti. Tra gli epigoni del Tiepolo va annoverato Francesco Zugno, autore di affreschi in palazzi cittadini; suoi sono i due ovali con *Pan e Siringa* e *Apollo e Dafne*. Quanto la pittura di questo periodo si orienti su scelte decorative, toccate da un'arguzia illuministica, lo si nota in opere quali *La lezione di geografia* di Pietro Longhi, già nella collezione Barbarigo, o nei *Paesaggi* di Antonio Diziani. Di Alessandro Longhi è celebre il *Ritratto di Antonio Renier*, una delle più felici pitture di questo tipo alla fine del secolo. I grandi paesaggi dello Zais da palazzo Mussato sono testimonianza della decorazione di grandi dimore private che nella pittura di paesaggio si stempera ormai nel neoclassicismo di Giuseppe Bernardino Bison, interprete di una sensibilità già preromantica.

La collezione Emo Capodilista
Cinquecentoquarantatre dipinti della Pinacoteca costituiscono la collezione lasciata nel 1864 al Comune dal conte Leonardo Emo Capodilista con il vincolo di esposizione separata dalle altre opere del museo. Le prime indicazioni sulla raccolta si trovano nella *Guida di Padova* del Rossetti. Nel nucleo da lui descritto confluirono successivamente i quadri del ramo della famiglia detto "del cavallo", possessore del famoso cavallo ligneo che è oggi al palazzo della Ragione. Nel 1783 l'ultima erede dei Capodilista, Beatrice, sposava Leonardo Emo. Con le due famiglie si trovarono riunite le reciproche quadrerie. Poco altro si può dire sulla formazione; sta di fatto che, incrementata fino al Settecento con insiemi a volte di elevata qualità, è l'unica tra le documentate raccolte padovane di antica data che sia giunta intatta fino ai nostri giorni. Costituisce un insostituibile documento sul rapporto tra committenza e produzione e può essere letta come un percorso attraverso la storia dell'arte veneta. La forte consistenza numerica, costante reperibile in ogni inventario di famiglia nobile del Veneto, non risponde solo ad aspetti di qualità e di gusto ma anche a esigenze di arredamento e di volontà di rappresentare antologicamente il maggior numero possibile di tendenze artistiche. Le opere più antiche sono del XV secolo. Una delle tre fastose tavole di

*Giorgione, Leda e il cigno,
1498-99 circa (?), tavola.*

*Giorgione, Idillio campestre,
1498-99 circa (?), tavola.*

Michele Giambono, forse già dal polittico per la chiesa di San Michele, offre un primo caso curioso. Il *Cristo morto* infatti porta la firma apocrifa di Mantegna, da non considerarsi solo un esempio di falsificazione ma un primo, anche se ingenuo, tentativo di collocazione stilistica. Tra i pezzi più antichi si ricordano una tavola di Jacopo da Montagnana e la *Madonna con il Bambino* di Francesco Morone. Consistente è la documentazione del bellinismo, a partire dal *Ritratto di senatore* autografo di Giovanni (1480-90 circa), per continuare con copie dalle sue invenzioni come la *Presentazione al tempio* firmata da Vincenzo da Treviso, o altre anonime o di scuola, fra le quali importanti sono quelle del Basaiti, Pietro da Messina, Rocco Marconi. La *Sacra Famiglia* di Niccolò de' Barbari mostra il perdurare della tradizione belliniana nel confronto con i maestri tedeschi attivi a Venezia nel primo Cinquecento. Il percorso attraverso l'arte veneta continua con una tavola giovanile di Palma il Vecchio, con opere di Bonifacio de' Pitati, mentre le incursioni a Venezia di artisti provenienti da altre aree trovano documentazione in opere del Boccaccino e del Palmezzano. Di altissima qualità sono le due tavole di Giorgione, *Leda e il cigno* e *Idillio campestre*, forse decorazione di un piccolo mobile, la cui presenza è particolarmente significativa in quanto è proprio a partire dalla sua personalità che comincia a formarsi una categoria di pittori attivi per i collezionisti. A queste vanno ricollegati i due frontali di cassoni di Tiziano (1507 circa), erede della committenza e del mondo figurativo di Giorgione, mentre l'attaccamento dei collezionisti ai modi di quest'ultimo si coglie da ritratti ascrivibili a pittori da lui influenzati (il Torbido e il Cariani) che ne perpetueranno a lungo la maniera. Con il *Cristo si congeda dalla madre* di Paris Bordone entrano nella collezione le principali correnti del manierismo veneto. Il mondo veronesiano è rappresentato da lavori di bottega, copie e da una tela di Benedetto Caliari; il tintorettismo da ritratti di Domenico, mentre più consistente è il nucleo bassanesco con opere sicure di Francesco, Leandro (del quale va ricordato lo stupendo *Ritratto del cardinale Dolfin*) e Gerolamo. Nel momento di commistione degli stili dei grandi maestri alla fine del Cinquecento, troviamo opere riferibili ai modi dello Schiavone, alcune tele devozionali di Palma il Giovane e, fra le più notevoli, il *Giudizio di Paride* e *Lia e Rachele* di Andrea Vicentino. Fino a questo momento il collezionismo non sembra ancora orientato su quel deciso rapporto con la produzione che si osserva a partire dal Seicento. La collezione segue, con l'elegante *Deposizione* di Pietro Damini, la reazione al tardomanierismo che diviene più consapevole nell'ac-

Tiziano Vecellio, Nascita di Adone, 1507 circa, tavola.

cademismo del Padovanino. Tele come *Tobiolo e l'angelo*, recuperando Tiziano, ne fanno un polo di riferimento del classicismo veneto all'inizio del Seicento. Il desiderio di compostezza formale viene corroborato dal contatto con il classicismo emiliano, accertabile grazie alla presenza di numerose copie, come quelle da Lelio Orsi, da Annibale Carracci o da Giovanni Lanfranco. La copia, con la stampa, costituiva allora uno dei pochi veicoli di immagini tra aree culturali diverse. Autografi importanti di quei maestri sono il *Ritratto di cardinale* del Sassoferrato e il *San Giovanni Evangelista* di Francesco Gessi. In ambiente bolognese vengono impostate tematiche fortunate presso i collezionisti; riflesso ne sono le varie Maddalene o Sibille e i ripetuti abbinamenti di classiche eroine quali Sofonisba e Cleopatra che, sotto una veste storica o religiosa, contrabbandavano immagini formalmente eleganti nelle quali l'apparire caricato di enfasi conferiva un contenuto sottilmente erotico. Il rinnovamento secentesco della pittura veneta avviene però soprattutto grazie all'operosità di artisti venuti da esperienze postcaravaggesche. Opere come l'*Erodiade* di Bernardo Strozzi, la *Sofonisba* e il *Davide* del Renieri, le *Cure a un ferito* del Sandrart, entro gli anni trenta cancellarono gli

Tiziano Vecellio, Morte di Polidoro, 1507 circa, tavola.

Leandro Bassano, Ritratto del cardinale Dolfin, 1600-10 circa, tela.

Bernardo Strozzi, Erodiade, 1635 circa, tela.

ultimi residui di linguaggio tardomanieristico. Un simile rinnovamento in chiave barocca è desumibile anche dalla ritrattistica. I personaggi della famiglia Capodilista ripresi da Chiara Varotari sono immagini innovative nella cura minuziosa della descrizione dei costumi, nel tono aulico e d'effetto, un po' fatuo e convenzionale, che viene temperato nei ritratti del Tinelli da una vena più intima e naturalistica. Notevoli anche le opere dei primi veneti rinnovati in senso barocco; l'*Armigero* e il *Davide* di Pietro Vecchia sono rappresentazioni fortunatissime presso i collezionisti, tipiche della sua rievocazione in termini grotteschi del mondo di Giorgione; di Francesco Maffei il bozzetto per l'*Allegoria di Alvise Foscarini, podestà di Vicenza* porta l'aspetto di una maniera più barocca nella quale il segno si frantuma in una luce visionaria.

Ricercati dai collezionisti erano anche Pietro Liberi e suo figlio Marco: la *Minerva armata* e *Amore benda una giovane* sono dipinti leggiadri, di forte contenuto sensuale, che raccolgono stimoli bolognesi e romani presentati in una forte componente allegorica. Giulio Carpioni si rifà invece a una visione classicistica in opere dalla tematica pagana. La *Morte di Leandro*, il *Baccanale*, *Narciso e Tiresia*, *Venere e amorini* sono soggetti da lui spesso trattati su richiesta della committenza. Si registra anche il rinnovamento naturalistico di metà secolo. Il *Giobbe* e i *Filosofi* di Luca Giordano, del suo primo soggiorno veneziano dell'inizio degli anni cinquanta, sono opere che si trovavano di frequente nelle collezioni, inserendo nell'arredamento degli studi il concetto della mortificazione della carne e dell'esaltazione dei valori speculativi.

Il Langetti fu il capofila dei "tenebrosi". Dipinti come il *Catone* ponevano l'accento prevalentemente sull'ostentazione anatomica e sullo strazio fisico. Altri esponenti di questa corrente, il Loth, lo Zanchi, il Celesti e il Brentana sono rappresentati nella raccolta.

Successivamente alla corrente scurista vengono riproposti il gusto allegorico e la pittura chiara del Veronese. In tele quali *Venere*, *Amore e Psiche* di Gerolamo Pellegrini o nelle due allegorie di Giovanni Antonio Fumiani si nota una funzione di arredamento che avvia al rococò. Della nuova impostazione del ritratto nella seconda metà del Seicento, caratterizzato da un fine patetismo, rimangono opere del Bombelli e del Cirello. Nel XVII secolo la pittura di genere si riversa sul mercato con una fortuna immensa. I veneti inizialmente ne disdegnarono le manifestazioni e per i collezionisti lavoravano pittori venuti da fuori. Il paesaggista più rappresentato è Johann Anton Eismann, le cui vedute combinano elementi reali ad altri immaginari, animando le scene con figurine tipiche del realismo dei bamboccianti olandesi attivi a Roma. La campagna romana si ritrova nei paesaggi di Philip Peter Roos che diffonde la visione della natura selvaggia e ostile tipica di Salvator Rosa. La loro presenza in serie ne dimostra la funzione di arredamento. Della prima generazione dei paesaggisti veneti si conservano opere del Pedon e del Carlevarijs. La pittura di battaglie vede i medesimi artisti affrontare tematiche quali scontri di cavallerie, truppe in marcia, cure a feriti; parte delle opere presenti sono di uno dei protagonisti del genere, Antonio Marini. Anche la natura morta nasce come genere autonomo all'inizio del Seicento. Al desiderio di rappresentare le cose inanimate viene connessa una serie di significati simbolici, anche di natura religiosa, uniti al piacere di raffigurare la ricchezza della propria mensa. Le pitture di fiori ne costituiscono un'accezione specializzata in senso ornamentale. Nel Veneto il genere si diffonde grazie alla presenza di un allievo di Jan Fyt, Jacob van de Kerchkoven: nella raccolta sono presenti suoi pezzi di elevata qualità, particolarmente incentrati sul tema della cacciagione. Poche altre delle opere di questo gruppo sono di sicura attribuzione; i loro schemi denunciano comunque la dipendenza dai modelli impostati a Napoli, in Lombardia e nei Paesi Bassi. La capillare documentazione di tutti gli sviluppi dell'arte veneta che si è riscontrata nelle opere del XVII secolo scompare con il Settecento. Nell'epoca nella quale la pittura veneta assurge nuovamente a un'importanza europea l'ingresso di dipinti nella collezione sembra conoscere una contrazione. A parte alcuni pezzi di qualità notevole, che vanno sotto i nomi di Diziani, Van Meytens e Nogari, le acquisizioni si orientano soprattutto su quadri di dimensioni ridotte, esempi di buona pittura adatti a decorare un piccolo ambiente. In tal senso va letta la presenza dei piccoli paesaggi di Antonio Diziani. La collezione conserva anche un consistente nucleo di opere di scuola straniera, di mano soprattutto di artisti fiamminghi e olandesi. L'interesse per costoro nasce nel Veneto nella prima metà del Cinquecento, in connessione agli stretti rapporti culturali tra Venezia e le Fiandre e diviene ancor maggiore verso la fine del secolo con i viaggi in Italia di questi

Pietro Vecchia, Davide, 1640-50 circa, tela.

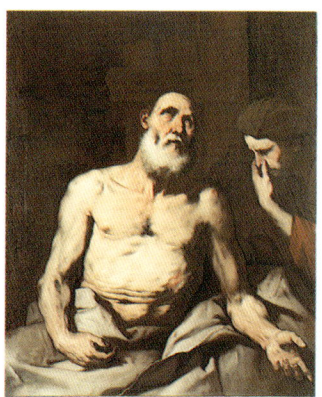

Luca Giordano, Giobbe, 1652-53 circa, tela.

Pietro Liberi, Minerva, 1660-70 circa, tela.

*Quentin Metsys, San Giovanni
Evangelista, 1507-09 circa,
tavola.*

*Jan van Scorel, Ritratto
di gentiluomo, 1521-22 circa,
tavola.*

pittori, che nel Seicento costituivano un punto obbligato nella
carriera di un artista. Dell'inizio del XVI secolo sono alcuni dei
pezzi più notevoli, come il *San Giovanni Evangelista* di Quentin Metsys o il *Ritratto di gentiluomo* di Jan van Scorel che re-
ca in mano un biglietto con il falso monogramma di Dürer. Il
fatto che l'opera sia già ricordata da Rossetti con tale attribuzione, oltre a essere indicativo dell'antichità di tale "falsificazione", dimostra che i dipinti nordici venivano riferiti con una
certa facilità a quella che era stata la presenza oltremontana
più importante del primo Cinquecento a Venezia. Tre belle tavole, una della cerchia di Patinir, un'altra del cosiddetto Maestro del Figliuol prodigo e una di Herri Met de Bles detto il Ci-
vetta, le cui opere conoscono una notevole diffusione collezionistica, mostrano momenti significativi dello sviluppo della
pittura di paesaggio ad Anversa. Nel paesaggio si colgono alcune delle espressioni più significative degli artisti nordici che
trasmettono, per lo più con pezzi di piccole dimensioni, carat-
terizzati dal brillante colorito conferito dalla tavola o dal ra-
me, il tipo di veduta ideata.
Anche la ritrattistica concorre alla circolazione di immagini e
forme artistiche, pur rispondendo spesso a esigenze politiche,
come dimostrano le copie da Van Veen, mentre alcune opere
non a caso si rifanno a modelli di artisti operosi in Italia, come
il *Ranuccio Farnese* di Pourbus. Il *Maurizio di Orange Nas-
sau* di Miereveldt o la copia del suo *Gustavo Adolfo di Svezia*
trasmettono i modelli della ritrattistica ufficiale. Pochi gli echi
del rembrandtismo, che si colgono soprattutto in opere di se-
gnaci come Maes e Willaerts. Grazie a pezzi di Goubau e di
Wouwerman sono documentate anche la bambocciata e la scena di genere. Un gruppo di ritratti di reali della casa di Francia è attestazione dell'attività su scala internazionale della famiglia. (*D.B.*)

La raccolta di sculture

La collezione si apre con due pezzi del XIII secolo che costituivano gli stipiti della porta maggiore della demolita chiesa di
Sant'Agostino: vi sono raffigurati i santi *Agostino* e *Domenico*. Al secolo seguente appartengono, invece, due frammenti
di arche sepolcrali con la *Vergine annunciata*: l'una probabilmente opera della bottega di Andriolo de Sanctis, l'altra assi-
milabile ai modi di Rinaldino di Francia. A questo artista si
può assegnare con maggior sicurezza, per la vicinanza a modelli lombardi francesizzanti della prima metà del secolo, la
Madonna con il Bambino a tutto tondo che costituisce il pezzo
trecentesco più notevole della raccolta. Allo scultore e architetto veneziano Andriolo de Sanctis sono invece riconosciuti i
quattro animali stilofori, due *grifi* e due *leoni*, che in origine
reggevano ciascuno una colonna del sarcofago di Fina Buzza-
carini, moglie di Francesco il Vecchio da Carrara, nel Batti-
stero del Duomo. Tra le sculture appartenenti al XV secolo si
segnala per arguzia narrativa e finezza di modellato un bassorilievo in terracotta policroma di Nicolò Baroncelli (Firenze, ?
- Ferrara, 1453), raffigurante il *Miracolo di sant'Eligio*, frammento di un'ancona che decorava l'altare dedicato al santo

omonimo nella chiesa di San Clemente. Un documento del 1422 ne attesta la paternità.

Nell'ambito di Bartolomeo Bellano si colloca una *Madonna con il Bambino* in terracotta. Appartiene alla fase estrema dell'attività di Giovanni Duknovich detto il Dalmata (Traù, 1440 circa - dopo il 1509) una preziosa *Madonna e Bimbo* ad altorilievo in marmo bianco. Tra la fine del Quattrocento e i primi del Cinquecento era attiva in città una famiglia di scultori, i Minello, che ebbe un ruolo di primissimo piano. Giovanni Minello iniziò a lavorare come collaboratore di Pietro Lombardo. Verso il 1470 aprì bottega in proprio. Del *Monumento a Cristoforo Recanati*, ultimato nel 1489, per la chiesa di San Bernardino, demolita nell'Ottocento, ci rimane solo un frammento con due angeli che sorreggono un medaglione entro cui è inserita un'iscrizione. Allo scultore sono assegnate altre opere della raccolta: un *Cristo emergente dal sepolcro* e tre statue in terracotta provenienti dal palazzo vescovile; un *Cristo*, un *San Pietro* e un *San Giovanni Evangelista*. Il *San Pietro* mostra una caratterizzazione aspra, nervosa e fortemente espressiva, mentre nel *San Giovanni* l'intonazione è più pacata, e specialmente la testa è trattata con una solennità classicistica inattesa. La seconda generazione dei Lombardo, Tullio e Antonio, orienta il gusto del figlio di Giovanni Minello, Antonio, proprio come Pietro aveva formato il padre. In quest'ottica va letto il classicismo del *San Bartolomeo*, originariamente posto a ornamento dell'altare che la fraglia dei Beccai aveva eretto nella chiesa di San Bernardino.

Al modenese Guido Mazzoni (1450 circa - 1518) si deve il *Compianto su Cristo morto* del 1485, del quale ci restano quattro frammenti, provenienti dalla demolita chiesa di Sant'Antonio in Castello a Venezia. Nel gruppo che, anche se lacunoso, mantiene l'impronta fortemente scenografica, lo spiccato verismo si sublima nella tensione drammatica dei volti. Al *Mortorio* del Mazzoni ha certamente guardato Andrea Briosco detto il Riccio (Trento, 1470 - Padova, 1532) dovendo realizzare un *Compianto* per la chiesa di San Canziano dove tuttora è conservato il *Cristo*. Le due terrecotte custodite al museo rappresentano *Maria piangente*: dai più sono ritenute opere del periodo finale dell'attività del plasticatore, cioè verso il 1530, quando la sua produzione si orienta in direzione classicista. Al Riccio si deve un'altra terracotta della collezione: una *Testa muliebre*, pure del momento tardo, particolarmente bella per la pienezza classica della forma.

A Tiziano Minio (1511/12 - 1551 circa) venne affidato nel 1535 l'incarico di eseguire l'imponente dossale d'altare con *San Rocco e due santi*, in stucco, per la sala superiore dell'Oratorio dedicato al santo omonimo e oggi al museo. Lo scultore e architetto padovano risentì in quest'opera giovanile dell'influenza di Jacopo Sansovino. Fu allievo del maestro toscano, all'epoca il maggior scultore e architetto ufficiale della Serenissima, il trentino Alessandro Vittoria (1525-1608), autore del busto di *Orsato Giustiniani*, letterato e poeta veneto. Il marmo è documento vivissimo dell'adesione convinta di questo grande maestro ai moduli manieristici. L'ultimo quarto del XVII secolo vede attivo a Padova, oltre a Giusto Le Court, il geno-

Andrea Briosco detto il Riccio, Maria piangente, 1530 circa, terracotta.

Antonio Canova, Monumento al vescovo Giustiniani, 1797, marmo.

vese Filippo Parodi (1630-1702), educato nell'ambito della corrente berniniana e raffinatosi a contatto con la cultura francese. Fra le opere conservate al museo gli sono attribuite un *Bacco fanciullo* e una testa di *Oloferne*. A un allievo di Le Court, che teneva bottega a Venezia, sono assegnati numerosi medaglioni ovali in marmo con teste scolpite in rilievo: Orazio Marinali (Bassano, 1643 - Vicenza, 1720) vicentino d'elezione. Nella città veneta lo scultore fu in stretto contatto con i pittori Maffei e Carpioni: dal primo derivò una squisita sensibilità cromatica, dal secondo un amore per il particolare aneddotico assieme con una vena di insistito "grottesco". Del padovano Antonio Bonazza (1691-1763), figlio di quel Giovanni che per alcuni decenni aveva dominato incontrastato la scena della scultura locale, il museo conserva una *Pietà* proveniente dal monastero di San Giovanni di Verdara. Al XVIII secolo appartiene anche una scultura in gesso policroma, intitolata *Il contadino filosofo*, dovuta all'arte del padovano Pietro Danieletti (1712-1779).

La stagione canoviana, infine, è documentata da pezzi notevoli quali la statua del 1778 di *Alvise Valaresso in veste d'Esculapio* e la *Stele Giustiniani* del 1797.

La prima, che avrebbe dovuto ricordare in Prato della Valle l'attività del magistrato a Padova, costituisce un saggio giovanile delle grandi possibilità artistiche del Canova poco prima della sua adesione al neoclassicismo. La seconda, commissionata per decorare la Loggia del Consiglio, fu invece collocata nella chiesetta dell'ospedale a ricordo del suo fondatore e solo dal 1896 conservata nel museo. Vi è raffigurata l'immagine allegorica di Padova scrivente i cui piedi poggiano su di uno sgabello ornato in bassorilievo con la scena della mitica fondazione di Padova da parte di Antenore.

Il museo conserva anche numerosi busti d'artisti del XIX secolo fra i quali si segnalano: il *Ritratto di Gerolamo Polcastro* di Antonio Caimi (Sondrio, 1814 - Milano, 1878), il busto di *Giacomo Leopardi* di Enrico Pazzi (Ravenna, 1819 - Firenze, 1899) e quello di *Leonardo Emo Capodilista* scolpito dal padovano Natale Sanavio (1827-1905). (*F.P.*)

Guido Mazzoni, Compianto su Cristo morto, 1485, particolare, terracotta.

Alessandro Vittoria, Orsato Giustiniani, marmo.

La raccolta di bronzetti e placchette

Quella dei Musei Civici di Padova è fra le più interessanti raccolte italiane di piccoli bronzi e placchette, altamente rappresentativa degli sviluppi di questa forma artistica, particolarmente in ambito nord-italiano. Per comodità di lettura essa viene presentata nel suo insieme, anche se numerosi sono i pezzi di proprietà del Museo Bottacin. Il recupero delle tecniche metallurgiche antiche e il loro perfezionamento presero l'avvio a partire dalla metà del Trecento e non si conclusero che in pieno Cinquecento, passando dalla riscoperta dei procedimenti di fusione allo studio delle leghe, spesso qualificando le superfici per mezzo di vernici e patine artificiali. La possibilità, insita nel procedimento tecnico, di riprodurre più copie qualitativamente identiche di uno stesso oggetto, dà ragione del fatto che il bronzetto rinascimentale è particolarmente caratterizzato dalla destinazione collezionistica e dalla connotazione di arte applicata.

Artista vicino ai modi di Donatello, Sacra famiglia con sei angeli musicanti, XV secolo.

Allo stesso modo che nei bronzi, il collezionista trova nelle placchette l'espressione plastica e artistica delle sue predilezioni culturali, estetiche e religiose. Esse nascono generalmente come oggetto autonomo e successivamente, in rapporto al loro valore artistico e al loro significato, vengono adattate a oggetti e suppellettili di uso quotidiano. Ma la maggior fortuna dal punto di vista quantitativo la placchetta la conobbe nell'ambito della domanda religiosa. Oltre ad assolvere alla funzione di pura scultura a tutto tondo, di piccolo oggetto prezioso caricato di significati allegorici e simbolici da collocare nello studio, il bronzetto, come vedremo, è stato chiamato a donare valore estetico a oggetti di uso pratico.

Andrea Briosco detto il Riccio, Satiro che beve.

A Padova non fu l'istituzione munifica di un signore, come era accaduto a Firenze ai tempi di Lorenzo il Magnifico, ma la bottega di un artista, Francesco Squarcione, a offrire una serie di modelli antichi allo studio e all'imitazione di una folta schiera di allievi. Ancora più incisivo, per l'adesione degli artisti padovani allo spirito rinascimentale, fu l'insegnamento di Donatello che trovò in questa città, particolarmente legata alla tradizione classica, un ambiente fervido e recettivo, nonché fonderie in grado di fornirgli il necessario supporto tecnico come dimostra la presenza nella raccolta di una trecentesca *Campana con stemma carrarese*. Con il rientro del Bellano, allievo di Donatello, e soprattutto con l'avvento di Andrea Briosco detto il Riccio (Trento, 1470 - Padova, 1532), artefice per la basilica del Santo di quel grandioso insieme di elementi cristiani e pagani che è il *Candelabro pasquale*, Padova si pone alla testa della storia del bronzetto. Il suo esuberante vocabolario figurativo si muove attraverso una libera e fantastica elaborazione delle fonti classiche. Un esempio della sua produzione, straordinario per la forza del modellato, è il *Satiro che beve* conservato al museo. Al lavoro della sua bottega sono riferiti una curiosa *Lampada a olio a forma di sfinge*, un *Calamaio in forma di granchio*, una placchetta con la *Sepoltura di Cristo* che ricollega l'arte del maestro, tramite il Bellano, alla tradizione donatelliana e un'altra raffigurante *Giuditta e la fantesca* che mostra quanto nel suo lavoro fosse forte l'influenza

Desiderio da Firenze, Urna per votazioni, 1532-33, bronzo con tracce di doratura.

Francesco Segala, Onfale, bronzo.

di Mantegna, essendo tratta da un'incisione di Andrea. Un riflesso dello stile di Donatello si può cogliere anche in placchette che si rifanno direttamente a quei modi, in altre riferibili a Francesco Marti, attivo intorno al 1500, in altre ancora derivanti da invenzioni di Antonio Rossellino (1427-1478/81), mentre una placchetta con la *Sepoltura di Cristo* porta il segno indelebile della più importante personalità artistica sviluppatasi a Padova nel Quattrocento: Andrea Mantegna. Al repertorio del mondo classico si rifanno i lavori di Pier Jacopo Alari Bonaccolsi detto l'Antico (1460 circa - 1546), specializzatosi in eleganti riproduzioni della statuaria antica, e Valerio Belli (1460-1546). Al primo si deve un *Marco Aurelio* in bronzo dorato, al secondo una placchetta raffigurante *La continenza di Scipione* in bronzo argentato. Un notevole recupero della classicità è evidente anche nelle numerose placchette dovute al Moderno, il più fecondo artista in questo tipo di produzione nel momento di passaggio tra Quattrocento e Cinquecento, attivo in Italia settentrionale (forse a Padova) e a Roma. Variamente identificato con l'orafo veronese Galeazzo Mondella o con il Caradosso, egli si poneva, come si evince dal suo soprannome, in alternativa al Bonaccolsi. Due placchette raffiguranti una *Ninfa addormentata e due satiri* assegnate al cosiddetto Pseudo Fra' Antonio da Brescia e destinate a fungere da pomolo di spada, forniscono un esempio dell'utilizzazione pratica di questi pezzi, così come ne è prova in ambito liturgico una placchetta ovale con la *Madonna in gloria* del Maestro Alvise utilizzata come "pace" e offerta al "bacio" dei fedeli. Costituisce un pezzo di eccezionale valore storico e artistico l'*Urna per votazioni*, eseguita da Desiderio da Firenze tra il 1532 e il 1533 per il Comune di Padova, che trova le sue fonti decorative più che nell'arte del Briosco in area fiorentina e in particolare nell'ambito del Verrocchio.

Come nel secolo precedente, il rinnovamento della scultura veneta del Cinquecento prende le mosse dalla venuta di artisti dall'Italia centrale. Jacopo Tatti detto il Sansovino (1486-1570) portò nel Veneto il bagaglio di un'educazione tosco-romana, determinando l'evoluzione in senso manieristico della scultura locale. Alla sua cerchia viene riferita una *Pietà*, mentre numerose sono le placchette nelle quali si coglie la fortunata diffusione del suo stile.

L'altro massimo esponente della scultura veneta del Cinquecento, il trentino Alessandro Vittoria (1525-1608), si fece portatore di una particolare forma di manierismo, esemplata soprattutto sul Parmigianino (vasta era la circolazione di stampe tratte dalle opere di quest'ultimo). Si collocano nell'ambito della sua produzione un'*Atena armata* in coppia con la *Pace*, in origine applicate a due alari da camino, e una *Giunone* e un *Nettuno*, quest'ultime opere di bottega.

Nell'ambito della plastica destinata a oggetti di uso pratico si segnala un *pendant* costituito da *Ercole* e *Onfale*, probabile coronamento di alari da camino, e dovuto al più interessante scultore padovano del secolo, Francesco Segala che, allievo di un altro scultore toscano attivo in zona a quell'epoca, Danese Cattaneo (1509-1573), è attratto nell'orbita di quella tradizione figurativa. Un'altra figura importante nell'ambito della scul-

Tiziano Aspetti, Picchiotto,
bronzo.

Tiziano Aspetti, Vulcano.

Stemma della famiglia Molin, XVI secolo.

tura veneta manieristica è quella del veronese Gerolamo Campagna (1549 circa - 1626), autore di numerosi bronzetti decorativi di carattere soprattutto mitologico, come il bel *pendant* costituito da *Meleagro* e *Atalanta*, conservato al museo. Altri di qualità più debole, riconducibili alla sua cerchia, mostrano il diffondersi del suo stile. I modelli del Campagna trovano molti punti di connessione con quelli elaborati da un altro protagonista della scultura tardomanieristica veneta, il padovano Tiziano Aspetti (1564 circa - 1607), in concorrenza con il quale egli si trovò spesso a lavorare. Di sua mano conserviamo diverse statuette a tutto tondo e uno straordinario *Picchiotto* che rivela l'influenza dei modelli messi a punto dal Vittoria. La grande stagione della bronzistica veneta si conclude con la personalità del genovese Niccolò Roccatagliа (1593 circa - 1636), a capo di una bottega dall'intensa attività, il quale prediligeva soggetti come amorini, angioletti, putti, spesso destinati ad adornare il mobilio. Non mancano nella raccolta oggetti di uso pratico quali candelieri, calamai, mortai, campanelli, a volte riconducibili alla bottega del fonditore veronese Giuseppe de Levis. Essi attestano l'espandersi, a livello di arti applicate, del repertorio messo a punto dai maestri più importanti e rinomati.

La collezione presenta anche pezzi provenienti da altre aree geografiche pur sempre collegate agli sviluppi dell'attività veneta: ben documentata è la produzione di placchette dell'artista emiliano Giovanni Bernardi (1494-1553), spesso derivante per calco da cristalli da lui stesso intagliati, mentre del lombardo Antonio Abondio (1538-1591), uno fra i massimi divulgatori del linguaggio manieristico nel nord Europa, si conserva una fortunata placchetta con la *Madonna del latte*. Dell'altro grande polo della bronzistica italiana del Cinquecento, Firenze, oltre ai pezzi già menzionati ben poco si conserva; si tratta soprattutto di opere collocabili tra la fine del XVI secolo e l'inizio del successivo, pastorelli, cavallini, da ascriversi principalmente all'ambito del Giambologna (1529-1608), il quale, raccogliendo la tradizione toscana, determina una tendenza in senso barocco di questa forma artistica. Si conserva, infine, un nucleo di opere riferibili a scuole straniere, soprattutto placchette di provenienza fiamminga. La serie dei *Trionfi*, nata in sei esemplari, ebbe tanta fortuna nella decorazione di mobili da venire in seguito ampliata anche da artisti diversi. Altre piccole placchette di carattere devozionale si collocano in ambito spagnolo, mentre una serie con *Storie di Cristo*, di produzione norimberghese, conferma gli stretti contatti tra l'arte veneta e quella tedesca verso la fine del Cinquecento. Da ricordare, inoltrandosi ormai nel secolo successivo, qualche pezzo di origine francese. (*F.P.*)

La raccolta lapidaria

La collezione conserva pietre con iscrizioni, insieme a materiali di carattere edilizio e ad esemplari di arte decorativa come tombe, caminetti, capitelli, trabeazioni, stemmi e via dicendo. Si tratta di plutei, paraste e capitelli d'epoca bizantina, di frammenti decorativi della chiesa di San Martino (datati variamente fra VII e XII secolo), di iscrizioni, fra le quali una particolarmente significativa del 1173 che ricorda l'incendio di Padova, di vere da pozzo, di capitelli gotici e romanici, di stemmi, come il bassorilievo in pietra di Nanto raffigurante quello di Ludovico d'Ungheria, proveniente dalla porta orientale del "Castello Vecchio". E ancora si segnalano, in ordine cronologico, le tre arche carraresi che servivano da abbeveratoi per i cavalli e la lastra tombale del 1424 di Donato da Brugine. Alla mano dello scultore Giovanni Minello, attivo a Padova tra la fine del Quattrocento e gli inizi del Cinquecento, sono attribuiti un frammento decorativo a bassorilievo che rappresenta *Apollo che insegue Dafne*, e una cornice di rosone proveniente dalla chiesa di San Matteo. Allo stesso artista e al figlio Antonio si deve un elegante fregio di camino con rilievi istoriati. Vanno inoltre ricordati una curiosa serie di mattoni quadrilobati a carattere ornamentale in terracotta, eseguiti a stampo, ciascuno decorato da una figurazione diversa, uno *Stemma di san Marco* all'interno del quale è raffigurato il leone accosciato, cosiddetto a *moleca*, per la rassomiglianza col crostaceo (granchio) che nel dialetto veneto è chiamato *moleca* e, infine, lo *Stemma della famiglia Molin*, identificata dalla duplice presenza del simbolo della ruota di un mulino scolpita a bassorilievo. (*F.P.*)

La raccolta d'arte contemporanea

Le sculture
Nel corso degli ultimi trent'anni il museo ha raccolto un'interessante collezione di bronzetti e piccole sculture contempora-

Jean Arp, Du pays de Thales, 1957.

Pietro Consagra, Colloquio, 1955, bronzo.

Natalino Andolfatto, Scultura, 1975, marmo nero del Belgio.

nee, importante testimonianza delle numerose edizioni della Biennale del Bronzetto, e che ben documenta l'evolversi della ricerca plastica dagli anni cinquanta ad oggi. Dal punto di vista materico si tratta di un complesso di opere non strettamente vincolate alla fusione del bronzo, ma rivolte anche ad altri materiali.

Nel 1955 il primo premio fu assegnato a un artista italiano, Luciano Minguzzi. Il suo *Gallo* così decisamente naturalistico, impettito nella posa e scabro nel modellato, figura oggi tra le collezioni civiche accanto al *Danzatore negro* di Mirko Basaldella, suggestiva figura carica di una ieraticità che viene da un mondo arcaico, e a *Colloquio* di Pietro Consagra, già avviato in direzione della composizione astratta. Successivamente Jean Arp vinse la prima edizione internazionale del 1957 con *Du Pays de Thales*, opera emblematica della sua sensuale astrazione organica. Della stessa edizione si conserva il *Piccolo centauro* di Alessandro Cherchi che evoca drammaticamente il mito di una classicità mai dimenticata. Al '59 risale il suggestivo *Straniero* dell'inglese Lynn Chadwick, come pure lo *Studio per una grande foglia* di Quinto Ghermandi, dove la ricerca naturalistica sfocia in una composizione plastica di grande poesia. Henri Georges Adam s'impone nel '61 con le *Tre punte*, caratterizzate da una particolare suggestione di ascesi vitale. Costituisce uno dei pezzi di maggior rilievo della collezione la *Figura sdraiata* dell'austriaco Fritz Wotruba del '62, solida nell'impianto e mobile per la qualità luministica.

Del padovano Carlo Mandelli si conserva il bronzo *Figura* in equilibrato atteggiamento contemplativo. Molti ancora i pezzi da segnalare: una *Maternità* drammaticamente espressionista dello scultore di origine russa Ossip Zadkine del '64; *Buona disposizione* di Franco Garelli del '65, dove la ricerca plastica investe anche la pittura e l'architettura; *Laris Familiaris*, *Eve I*, del '67, nel quale Valeriano Trubbiani indaga la condizione umana con spirito ironico venato da accenti polemici; *Lotus* di Gino Bogoni, del '73, dove si assiste a una metamorfosi plastico-organica; *Lady*, eseguita nello stesso anno dallo spagnolo Chirino, in acciaio cromato; una favolosa architettura del '75 di Natalino Andolfatto in marmo nero del Belgio; il *Doppio Kubus* del '75 di Nato Frascà, nello stesso materiale; *DC*, un'opera ottico-costruttivista di Vinceslav Richter. La collezione è ricca anche di bronzi e piccole sculture di artisti veneti come Paolo Boldrin, Roberto Cremesini, Dante Moro, Servilio Rizzato, Amleto Sartori, Luigi Strazzabosco, Claudio Trevi.

I dipinti

Tra le collezioni d'arte contemporanea il museo annovera anche un consistente gruppo di dipinti del XIX e XX secolo. Quanto alle tele dell'Ottocento, esse testimoniano una produzione di buon livello anche se ristretta all'ambito locale. Nei primi anni del secolo la scena padovana è dominata dalla vena "purista" del bellunese Giovanni de Min, del quale il museo conserva l'*Eccidio della famiglia di Alberico da Romano*, commissionato da una Società di padovani amanti delle belle arti. Di Vincenzo Gazzotto ricorderemo il *Bozzetto per il sipa-*

rio del Teatro Nuovo. L'artista, formatosi al neoclassicismo dell'accademia veneta e del De Min, si accostò poi a un certo naturalismo e a un gusto romantico nella scelta dei soggetti. Di Michele Fanoli, noto soprattutto per la sua arte litografica, ma anche buon pittore di genere, la raccolta possiede una tela, di scoperta teatralità, raffigurante *La partenza dei promessi sposi*, che documenta una precoce fortuna del capolavoro manzoniano in ambito veneto. Di Eugenio Bosa, che alla moda storica preferì quella del genere, confortato dal successo popolare e dall'appoggio di personaggi come Pietro Selvatico, si conservano diverse opere. Di Augusto Caratti sono interessanti soprattutto i ritratti e, tra essi, il *Ritratto della signora Emma Fantoni.* Buon ritrattista fu anche Felice Schiavoni del quale si ricorda il *Ritratto di Francesco Sartori* e così pure Achille Astolfi, allievo del Gazzotto, autore di numerosi ritratti della collezione. Tra le molte opere pervenuteci della pittrice Elisa Benato ci piace segnalare l'*Autoritratto con il fidanzato Luigi Beltrami.* Chiude il secolo con accenti fortemente veristici Oreste da Molin, vissuto a cavallo fra Otto e Novecento, del quale il museo raccoglie numerose tele.
Riguardo poi al nucleo di dipinti del Novecento, va precisato che esso non costituisce un insieme omogeneo sufficientemente significativo per garantire un percorso attraverso i fatti peculiari dell'espressione pittorica del nostro secolo, in relazione ai movimenti artistici a carattere internazionale che l'hanno segnato. Esso privilegia, piuttosto, la realtà veneta. Fra quanti nacquero od operarono in città, si segnalano opere di Renato Birolli, Millo Bortoluzzi, Felice Casorati, Mario Di-

Felice Casorati, Le due bambine, 1912, tempera.

sertori, Antonio Fasan, Riccardo Galuppo, Dolores Grigolon, Cesare Laurenti, Dino Lazzaro, Antonio Morato, Antonio Zoran Music, Ubaldo Oppi, Fulvio Pendini, Silvana Weiller, Tono Zancanaro, Giuseppe Zigaina. (*F.P.*)

La raccolta di arti applicate e di gioielli

Si conservano anche alcune centinaia di pezzi che rientrano nella categoria delle arti applicate. Gli intagli in legno ne costituiscono una parte notevole. Fra i più antichi, oltre a piccole *Madonne* destinate ad una privata devozione, si annovera un grande quadrilobo, già ornamentazione del soffitto della scuola della Carità.

Tra le cose dei secoli successivi si segnalano gli intagli del celebre scultore settecentesco Andrea Brustolon, uno dei quali fungeva da base alla famosa *Urna per votazioni* del Comune di Padova, opera di Desiderio da Firenze. Vi sono anche alcune buone riproduzioni accademiche del primo Ottocento, in scala ridotta, di sculture dell'antichità. Numerose e di qualità sono anche le cornici dal Rinascimento in poi. Tra i capolavori di questa produzione va segnalata l'immensa cornice barocca intagliata e dorata recante lo stemma della famiglia Pisani. Pochi invece gli intagli in avorio, alcuni dei secoli XIII-XIV, altri rinascimentali, tra i quali un cofanetto della bottega degli Embriachi. Del Seicento va segnalato un *Cristo morto tra i santi Marco e Giovanni*, mentre dei primi dell'Ottocento sono le fini riproduzioni in piccolo formato dei monumenti canoviani dovute a Giuseppe Rizzoli. Vi sono inoltre circa centotrenta tra

Arte orafa del XIX secolo: bottoni, spille, sigillo, anelli.

gemme e cammei, alcune antiche, la maggior parte moderne o di imitazione.

Grossa parte della raccolta è costituita da oggetti di costume. Non molti sono i vestiti: si tratta in particolare di marsine, lunghe giubbe e panciotti ricamati, collocabili per lo più nella seconda metà del Settecento o nei primi anni del secolo successivo. Vi sono alcuni broccati sei-settecenteschi e, in particolare, abbondano le trine e i merletti. In trecentotrentasette esemplari, alcuni dei quali lunghi più metri, sono rappresentati quasi tutti i punti italiani: il milanese, il sardo, il fiorentino e, ovviamente, il veneziano in tutte le sue forme. Non mancano pizzi di Fiandra, di cui alcuni particolarmente lievi e di fine realizzazione. Tra i pochi ricami, alcuni dei quali del XVI secolo, va segnalata una stupenda pianeta inglese con figure di santi ricamate su fondo di velluto rosso. Altri oggetti minori sono i bottoni in avorio, i pettini di tartaruga, e una ricchissima collezione di ventagli del Settecento e dell'Ottocento. Ve ne sono in avorio, tartaruga, madreperla, con "appliques" d'oro e d'argento, molti con la pagina miniata, altri in carta remondiniana. Numerosi anche altri accessori quali tabacchiere, orologi, astucci sbalzati e cesellati con "nécessaires" da lavoro, manici di bastoni e ombrelli, nonché alcuni gioielli femminili in filigrana.

Una sezione della raccolta di arti applicate è costituita dalla collezione di *gioielli*. Si tratta di pezzi del XIX secolo provenienti in piccola parte dalla collezione Sartori Piovene, cui appartengono gli esemplari femminili più vistosi. Il nucleo più interessante è costituito dagli oltre quattrocento gioielli la-

Ventagli del XIX secolo.

sciati da Leone Trieste. Nato a Padova nel 1801, matematico e buon dilettante di musica, ebbe soprattutto la passione di raccogliere pietre preziose che, nel suo testamento del 1875, lasciò al museo. Del nucleo faceva parte anche una forte quantità di pietre sciolte che nel primo dopoguerra furono vendute con il consenso degli eredi per realizzare il nuovo allestimento del museo. La peculiarità della raccolta è che si tratta per lo più di pezzi fatti eseguire per l'uso privato del committente, secondo procedimenti tecnici già protoindustriali. Pochissime sono le raccolte ottocentesche di questo tipo che si conservano attualmente in Italia. Si tratta in assoluta prevalenza di gioielli maschili, molti dei quali, come le spille, i bottoni da polso e da sparato, le catene da orologio, erano parte integrante dell'abbigliamento, mentre altri, come i sigilli, hanno forme più stravaganti ed elaborate. Diamanti, rubini, smeraldi, zaffiri, opali e diaspro, perle e turchesi sono le pietre più usate, in legature che servendosi di filigrane, smalti, nielli, rappresentano quasi tutte le tecniche in voga all'epoca, tutte contrassegnate da un altissimo magistero tecnico e artistico. Vista la lunga vita del loro possessore, costituiscono un'insostituibile quanto rara carrellata sull'arte orafa dal Romanticismo all'inizio del Liberty. Pietre e tecniche non sono impiegate solo per conferire preziosità agli oggetti; il loro uso sapiente e la raffinatezza strutturale rendono ogni gioiello una piccola opera d'arte dotata di una sua espressività. A molti dei pezzi sono legati significati scaramantici e simbolismi ebraici. Le stesse pietre sono di alta qualità e di dimensioni inusitate per una città come Padova dove, nell'Ottocento, erano più frequenti soprattutto oggetti con piccoli diamanti o rose. (*D.B.*)

Bottega degli Embriachi, Confanetto in avorio, primo quarto del XV secolo.

La raccolta di disegni

La collezione comprende fogli che vanno dal Cinquecento fino all'età contemporanea. Il fondo relativo ai secoli XVI-XVIII non è stato ancora oggetto di studio. Particolarmente ricco è il gruppo di disegni dell'Ottocento che comprende fogli dei più illustri decoratori della Padova dell'epoca: Ippolito Caffi, Giovanni de Min, Augusto Caratti, Vincenzo Gazzotto. Particolarmente legati alla storia della città e delle sue vicende architettoniche sono anche il fondo japelliano e quello dello Chevalier. I bellissimi disegni di Giuseppe Japelli (1783-1852) mostrano come Padova costituì il campo privilegiato della testimonianza dell'ingegnere e architetto di origine veneziana, nella direzione di una radicata riprogettazione del suo assetto urbano, volto a una riqualificazione, innanzitutto funzionale, dell'area del Prato della Valle, cui veniva assegnato il ruolo di nuovo fulcro direzionale. Alcuni suoi progetti come il "caffè", il "teatro", alcuni "giardini" e "private residenze" furono effettivamente realizzati; altri, invece, come il "carcere", l'"Università", il "cimitero" rimasero sulla carta. Fra i vari disegni pervenutici, alcuni riguardano padiglioni di diversi stili per giardini: nella progettazione di queste artificiose costruzioni egli seppe abilmente mescolare tecnicismo e felicità fantastica. Il fondo dei disegni di Pietro Chevalier (1795-1864), di recente acquisizione, è pure di notevole interesse in quanto dedicato alle architetture degli edifici padovani.
Tra i disegni appartenenti al nostro secolo si distingue un numero consistente di pezzi dovuti alla mano del pittore, ceramista, scultore, nonché architetto, Cesare Laurenti (1854-1937).

Giuseppe Jappelli, Prospetto del Teatro Nuovo di Padova.

Giacomo Boccalaro, Grande piatto dipinto, 1603.

Grande vaso portafiori "alla turchesca" del tipo "pottery style", prima metà del XVII secolo.

Riguardano il progetto di decorazione, poi realizzata a fresco, dell'ex albergo Storione, uno tra i più illustri esempi del Liberty nel Veneto. (*F.P.*)

La raccolta di ceramiche

La raccolta di ceramiche, costituitasi grazie a doni di collezionisti privati e a ritrovamenti di scavo, documenta la circolazione e produzione di ceramica, in particolare d'uso, a Padova dal Medioevo fino all'Ottocento. I pezzi più antichi appartengono a quella classe di materiali bizantini della fine del XII secolo detti "Zeuxippus Ware" e sono indicativi dell'importazione di materiale "da pompa" dal Medio Oriente. I primi vasellami locali, databili tra il XIII e il XIV secolo, sono ceramiche invetriate di uso comune, accanto ai quali continuano a trovarsi importazioni di materiali di pregio, come i boccali in maiolica, che peraltro si trovano già imitati nella produzione locale della metà del Trecento in forme raffinate. Dalla fine del XIV secolo si diffonde la ceramica graffita, la tipica espressione locale, dovuta a un artigianato che mostra una comunità di linguaggio con l'area emiliano-romagnola. La grande quantità di questi materiali rinvenuta in città e databile alla prima metà del Quattrocento indica una forte attività locale. Numerosi sono i bacili, dei quali alcuni di grande formato, e le scodelle decorate con ritratti che ne campiscono il centro, oppure con motivi zoomorfi, sfruttando spesso forme inconsuete mano a mano che il genere si apre a canoni rinascimentali. In questo periodo il graffito conosce la sua diffusione più massiccia arrivando alla sua piena maturazione nella seconda metà del secolo e il repertorio ornamentale si amplia con animali simbolici di Cristo (cervo, pantera, leone) mentre gli sfondi si aprono a rappresentazioni paesistiche. Di quest'epoca sono alcuni dei pezzi più importanti, come il grande catino con ritratto virile o il celebratissimo tondo con la *Madonna con il Bambino* a firma "Nicoleti" dell'incisore Nicoletto da Modena, nei quali si nota la diffusione di caratteri mantegneschi. Le maioliche, che cominciano nuovamente a imporsi attraverso le importazioni, principalmente da Faenza, sono rappresentate, ad esempio, dalla piastrella che riproduce la *Deposizione* di Mantegna. Verso la fine del Quattrocento cominciano a diffondersi pezzi veneziani anche se l'industria locale, almeno fino alla metà del Cinquecento, continua ad essere ben rappresentata dal graffito, che diviene però sempre più compendiario come ben si nota da due acquamanili. Di fine secolo e di probabile fabbricazione veneziana è un grande servizio conventuale dal monastero delle Eremite, in graffito e mezza maiolica, nel quale sono rappresentate tutte le forme da desco. Con il Cinquecento la maiolica torna ad essere presente in buona quantità. Si tratta di pezzi artistici, spesso esemplari prestigiosi dalle raffinate caratteristiche, delle fabbriche di Urbino, Pesaro e Venezia. Di Urbino sono una serie di piatti e un raro cofanetto. In quei piatti istoriati, alcuni dei quali dalla fabbrica Xanto Avelli, vengono trattati temi storici e mitologici. Nel Seicento le cose più frequenti sono le maioliche dette "candiane", molte forse di produzione locale. Numerose sono anche le ceramiche set-

Nicoletto da Modena,
Madonna con il Bambino.

Ceramista padovano
del XV secolo, Grande catino
con ritratto virile.

tecentesche che rappresentano le più importanti fabbriche italiane. Significativi sono i piatti e le piastrelle delle fabbriche di Castelli; va ricordato il piatto con *Galatea* della fabbrica di Carmine Gentile. Vi sono anche pezzi di Torino, Milano, Nove e Bassano, Savona e, naturalmente, di Venezia. In particolare della fabbrica Cozzi va segnalato un completo servizio da caffè in porcellana del 1792, della famiglia Manfredini, monogrammato e con l'astuccio originale. La fabbrica Meissen è rappresentata principalmente da vasi e tazzine dal legato Sartori Piovene, mentre tra i pezzi orientali vanno segnalati alcuni esemplari di Iżnik e la serie di ceramiche ispano-moresche. (*D.B.*)

La raccolta di mobili

La collezione non conserva pezzi trecenteschi, fatta eccezione per il raro armadio della sacrestia della Cappella degli Scrovegni. Al secolo seguente appartiene la porta maggiore della chiesa di Santa Giustina, opera dei fratelli Cristoforo e Lorenzo Canozi di Lendinara, intagliatori di formazione ferrarese la cui attività a Padova è bene documentata. Arricchiscono la collezione anche alcuni pezzi del Cinquecento, soprattutto panche e scanni intagliati, sedie intarsiate e scolpite, cofanetti, stipi, cornici; ma i mobili più belli della raccolta datano al XVII e XVIII secolo.

Tra Cinquecento e Seicento si colloca un pregevole stipo con struttura architettonica interna a carattere classico in forma di loggia balaustrata, compartito da cassettini e decorato da statuette bronzee. Al centro, in una nicchia a specchio, una *Venere marina*. Tra i numerosi cassettoni si segnala un esem-

Cassettone veneto della seconda metà del XVII secolo con intarsi in ebano e avorio.

Inginocchiatoio a intaglio,
XVII secolo.

Mobile a ribalta con alzata in radica, XVIII secolo.

Specchiera e cassettone di forma bombata in legno intagliato e dipinto, XVIII secolo.

plare particolarmente prezioso, ornato sul piano da un medaglione con intarsio raffigurante uno scontro fra cavalieri e su ciascuno dei tre cassetti da un motivo floreale. La presenza ripetuta del tulipano è di indiscussa derivazione fiamminga. Fra i cassettoni ad intaglio ve n'è uno di notevole interesse. È noto l'intagliatore che lo costruì verso la fine del XVII secolo, il milanese Antonio Imbonati. La decorazione è a motivi di foglie e fiori, pampini e grappoli d'uva. Fra i tavoli, oltre ad un gruppo di cinque esemplari in noce da refettorio conventuale, ricorderemo uno splendido tavolino a muro in legno di noce e acero, interamente decorato con minuti motivi vegetali. Sul piano, al centro, è intarsiato uno stemma fra le raffigurazioni delle tavolette del gioco della dama e della tria.

Diffusi, all'epoca, anche gli inginocchiatoi. Il museo ne possiede due molto belli: uno a linea spezzata con medaglioni a intarsio in ebano e avorio, di derivazione fiamminga, e maniglie originali riccamente lavorate; l'altro intagliato con motivi di grappoli d'uva e pampini.

Nel Settecento, Venezia e il Veneto costituiscono nel settentrione il maggior centro di produzione di mobilio. Esso acquista, in omaggio al pittoricismo delle arti maggiori, leggerezza di forme per il continuo succedersi di convessità e concavità e la diffusione dell'uso della lacca. Fra i numerosi pezzi della raccolta ricorderemo: un mobile a ribalta con alzata in radica di noce, fronte mossa e fianchi diritti; una specchiera e un cassettone di forma bombata, entrambi in legno intagliato e dipinto; un divano e due divanetti in noce intagliato e sagomato con schienali a giorno e sedile in canna d'India; una consolle in abete dipinto decorata a fiori policromi e piano in finto marmo; una curiosa coppia di cantonali decorati a *chinoiserie* su fondo laccato nero; un cassettone con ribalta decorato e laccato ad "arte povera" con scene di paesaggio su fondo rosso. Appartengono a questo secolo anche due porte lignee a doppio battente, provenienti da palazzo Cavalli, dipinte dal veneziano Nicolò Bambini (1651-1763).

Verso la fine del Settecento raggiungono Venezia gli ideali del nuovo classicismo che venivano soprattutto da Roma. Pertanto le linee dei mobili si fanno più sobrie e si diffonde l'uso dei legni naturali. Il veneziano Giuseppe Borsato fu la personalità di maggior rilievo nel primo trentennio del XIX secolo. Si deve probabilmente al suo disegno il mobilio per la "camera della signora", proveniente da palazzo Gaudio, in noce dipinto e dorato. Si tratta di pezzi di raffinata eleganza realizzati nel momento di passaggio tra stilemi ancora impero e un'interpretazione più intimista di quel formulario.

Si conservano, infine, due splendidi cassettoni databili fra il 1810 e il 1815: il primo, in legno di ciliegio a tre cassetti con bocchette e maniglie in metallo dorato. Lo decorano ai lati erme in forma di sfingi, intagliate e dorate su colonnine tinte di nero e concluse in basso da zampe leonine. Il secondo, di struttura analoga, è invece in legno di noce: una fascia intarsiata con motivo di greca corre lungo il perimetro della fronte, mentre nelle gambe anteriori ritorna il motivo delle sfingi intagliate e dorate. (*F.P.*)

La raccolta di incisioni

È costituita da oltre dodicimila stampe di composizione e da circa seimila ritratti che si sono venuti via via stratificando, nel corso del XIX secolo, grazie ai lasciti di colti e illuminati collezionisti padovani come Antonio Piazza, Agostino Palesa, Antonio Meneghelli, Adele Sartori Piovene. Essa testimonia l'importanza dell'arte incisoria, in particolare nelle stampe di traduzione, che sono la maggior parte, quale veicolo di trasmissione delle immagini figurative dei più grandi artisti.
L'interesse del collezionismo veneto per l'arte dei paesi nordici è assai ben documentato. Il fondo comprende un ingente numero di stampe olandesi, fiamminghe, tedesche, molte delle quali di grande bellezza e rarità: si va dalle xilografie di Albrecht Dürer (Norimberga, 1471-1528), ai bulini di Lucas van Leyden (Leida, 1489/94-1578), di Hieronymus Cook (Anversa, 1510 circa - Roma, 1570), di Hans Collaert (Anversa, 1540/45 circa - 1620/22 circa), di Cornelis Cort (Hoom, 1533/36 - Roma, 1578), di Hieronymus Wierix (Anversa, 1553 circa - 1619), di Adriaen van Ostade (Haarlem, 1610-1685). Un gruppo di oltre quattrocento fogli che documenta, a partire dalla metà del XVI secolo, circa cent'anni di attività grafica della famiglia Sadeler, si rivela di grande interesse ai fini di una valutazione degli influssi reciproci degli artisti del nord e del sud Europa. Un altro consistente nucleo di stampe fornisce una panoramica della produzione grafica derivante dalle opere di Rubens,

Jacob Matthias Schmutzer, Nettuno e Anfitrite, incisione da Rubens.

artista che diede nei Paesi Bassi, durante il XVII secolo, impulso poderoso alla scuola incisoria che da lui prende nome. Di questo ambiente artistico ricorderemo i lavori di Lucas Vosterman (Bommel, 1595 - Anversa, 1675), Jan Mueller (Amsterdam, 1571-1628), Paul Pontius (Anversa, 1603-1658), Michel Lasne (Caen, 1590 - Parigi, 1667), Schelte Bolswert (Belsward, 1586 - Anversa, 1659), Willem van der Leeuw (Anversa, 1603 circa - 1665), Joan Witdoeck (Anversa, 1615 - dopo il 1642). Dell'opera grafica di Jacques Callot (Nancy, 1592-1631), a lungo attivo in Italia, il museo conserva numerosi pezzi attraverso i quali ben si individua il mondo caratteristico del maestro francese, un mondo picaresco, di pitocchi e di zingari, figure bizzarre, nervose, esageratamente allungate. Alla maniera del Callot si collega il fiorentino Stefano della Bella (1610-1664), valente acquafortista della cui attività incisoria la collezione rende valida testimonianza.

È noto che nel Settecento col Tiepolo e col Piranesi l'acquaforte toccò la perfezione. Ben documentata è la produzione grafica degli incisori veneti, i quali diedero un contributo notevolissimo al rinnovamento di quest'arte. Si segnalano opere di Jacopo Amigoni (1682-1752), le cui rare incisioni si distinguono per l'uso di un segno nitido e sottile dal ritmo lievemente ondulato. Sotto la sua guida Giuseppe Wagner (1706-1786) tedesco, ma veneziano d'adozione, apprese a Parigi nuove tecniche incisorie che portò poi nella città lagunare. La calcografia wagneriana costituì, intorno alla metà del secolo, la più impor-

Giambattista Tiepolo, Tre soldati e un ragazzo disteso, 1738-39.

tante scuola di attività incisoria a Venezia nel Settecento. La frequentarono incisori come Giacomo Leonardis (1723-1794), Fabio Berardi (1728-1788), Francesco Bartolozzi (1702-1815), Giovanni Volpato (1740-1803). Di costoro e del loro maestro rimangono prove assai preziose nelle raccolte. Di Marco Pitteri (1702-1786), incisore puro, noto per le sue traduzioni a bulino dei disegni del Piazzetta, ricorderemo il *Ritratto del maresciallo Schulenburg* che lo rese celebre per l'arditezza della tecnica impiegata. A Giambattista Tiepolo (1696-1770) si devono gli splendidi *Capricci* nei quali il maestro si affida al libero gioco della fantasia, attraverso un segno fremente e rapido, alternando lunghi spazi bianchi privi di morsure a figure dove si addensano tratti di un nero lucente e setoso. Va menzionata, infine, un'impresa di notevole interesse artistico e di alto valore documentario che legò per sempre il nome dell'incisore Giovanni Volpato alla città di Padova. Si tratta della *Pianta* della città, composta da venticinque rami, affidata nel 1779 al disegno di Giovanni Valle e stampata nel 1784. (*F.P.*)

Costumi del 1848, litografia.

Museo del Risorgimento

Il Museo del Risorgimento fu costituito dall'allora direttore Andrea Moschetti con materiale che si è andato via via aggiungendo a un nucleo di proprietà del Comune con doni di privati, tra i quali cospicui furono quelli di Alberto Cavalletto e Carlo Maluta. Si tratta di materiale bibliografico e archivistico, a stampa e manoscritto, e di cimeli di quanti nella città, e anche su scala nazionale, ebbero una parte nella storia civile dall'epoca napoleonica fino alla prima guerra mondiale. I pezzi di epoca napoleonica sono armi bianche e da fuoco, proiettili, stampati e qualche caricatura. La maggior parte della raccolta comprende oggetti che documentano il periodo 1848-49, quali armi, divise, bandiere (tra le quali quella che sventolava su uno dei bastioni di Marghera), tamburi, decorazioni. Si notano in particolare i berretti dei crociati veneziani e materiale vario usato a Padova in quel periodo, accessori di abbigliamento con scritte patriottiche, ritratti di personaggi di interesse locale come Francesco Sartori, mentre di altri più rinomati, quali Manin, Garibaldi, Mazzini, Tommaseo, rimangono scritti autografi. Del secondo periodo dell'epopea nazionale che fa capo ai fatti del 1859, vi sono reliquie di Tito Speri, del Cavalletto, del Legnazzi e di Pier Fortunato Calvi. Del comitato politico di emigrati formatosi a Torino in quegli anni rimane l'intero archivio grazie al lascito del Cavalletto che ne era segretario. Rimane anche un torchio da stampa che serviva alla pubblicazione di proclami clandestini. Vi sono centinaia di bandi, proclami, sentenze di morte, mentre vignette, caricature, vestiti formano un complesso utile alla comprensione del costume e della vita dell'epoca. Resta anche un nucleo di documentazione del periodo 1915-18 che vide Padova "capitale del fronte". La difficile vita della città in guerra è attestata da bombe qui cadute, frammenti di aerei abbattuti, foto di edifici colpiti. Questa raccolta attualmente non è visibile al pubblico; si sta peraltro procedendo a una completa revisione in vista della sua riapertura in un futuro che si spera prossimo. (*D.B.*)

*Museo Bottacin, Esposizione
numismatica.*

Museo Bottacin

Roberta Parise
Andrea Saccocci

Cenni storici

Il 28 dicembre 1865 il Consiglio comunale di Padova, sentita l'entusiastica relazione del direttore del Museo Civico Andrea Gloria, accettò solennemente il lascito di Nicola Bottacin, costituito da una grande collezione di monete, soprattutto italiane medievali e moderne, nonché da medaglie, sigilli, bolle e tessere. Questo lascito sarebbe entrato a far parte delle collezioni del museo cittadino, ospitato in una sala apposita cui sarebbe stato assegnato in perpetuo il nome di "Museo Bottacin". A parte l'uso, già allora un po' démodé, del termine "museo" per indicare una singola raccolta, niente sembra distinguere questa donazione dalle numerose altre che avevano incrementato, nel corso dell'Ottocento, i musei pubblici del Veneto. Nel caso in oggetto, però, le cose si evolsero in modo diverso, al punto che da questa prima donazione finì col prendere corpo un museo vero e proprio, che soltanto cinque anni dopo, il 12 agosto 1870, venne formalmente distinto dal Museo Civico e ottenne dal Consiglio comunale la sanzione della propria autonomia.

Questa particolare evoluzione va ascritta alla personalità dello stesso fondatore, Nicola Bottacin, che non cessò mai, finché rimase in vita, di seguire le sorti della sua raccolta e di suggerire all'amministrazione di Padova, talvolta con toni aspri, le scelte che riteneva più idonee alla valorizzazione del "suo" museo. Nato nel 1805 a Vicenza, si dedicò fin da giovanissimo al commercio di stoffe, ottenendo ben presto successi economici notevoli. Trasferitosi a Trieste, vi aprì uno stabilimento commerciale, grazie al quale divenne uno dei personaggi più abbienti e più influenti della città, al punto da entrare nella ristretta cerchia degli amici di Massimiliano d'Asburgo, il futuro imperatore del Messico, da lui conosciuto nel 1853. La sua passione per il collezionismo nacque attorno agli anni cinquanta del secolo e si rivolse dapprima ad opere d'arte contemporanee, successivamente all'archeologia e alla numismatica. A quest'ultima dedicò comunque le attenzioni maggiori, al punto che sono oltre duemila le lettere di argomento numismatico conservate nel suo archivio privato, ora al Museo Bottacin. A giudicare dalle date, non è improbabile che la passione per un collezionismo così eclettico sia stata indotta nel ricco uomo d'affari dalla frequentazione della corte di Miramar a Trieste, dove il più romantico degli Asburgo, Massimiliano, stava organizzando una sorta di *Wunderkammer* con raccolte di oggetti esotici e rari.

Nel 1863 Nicola Bottacin decise di donare la raccolta numismatica alla città di Padova, decisione alla quale non furono certamente estranee le origini venete di Nicola e, forse, i suoi sentimenti "italianissimi", per usare un'espressione presente nel suo stesso diario. Allora, infatti, era possibile ipotizzare un futuro italiano per la città di Padova, non certo per quella di Trieste.

Come abbiamo visto, la donazione venne perfezionata due anni dopo, nel 1865, e lo stesso Bottacin si preoccupò di progettare e far realizzare tutto il mobilio e l'arredamento della sala destinata ad accogliere la sua raccolta. Proprio questo allestimento, assolutamente poco scientifico ma così vicino al gusto

*Angelo Cameroni, Busto
di Nicola Bottacin, 1875.*

*Caveau del Museo Bottacin,
con la mobilia originale fatta
realizzare da Nicola Bottacin
per il museo, 1865-70.*

eclettico di molte dimore triestine, sull'esempio di Miramar,
costituisce ancor oggi uno degli aspetti più interessanti del
museo. Comunque la questione non finì lì. Insoddisfatto del
modo in cui veniva gestita la sua raccolta, Nicola decise di in-
tervenire ed elaborò una serie di proposte alla città di Padova,
secondo le quali il suo lascito avrebbe dovuto portare all'istituzione di un nuovo museo, con una propria organizzazione ed un
proprio statuto.

Per far accettare questo progetto, vincolò ad esso una successiva e più ampia donazione, costituita da tutte le sue opere
d'arte, dalla biblioteca, dalle numerosissime monete e medaglie da lui acquistate dopo il 1865 e da alcuni cimeli di Massimiliano d'Asburgo, inviati a Bottacin dallo stesso imperatore del
Messico prima della sua tragica fine a Queretaro. La proposta
venne accettata nel 1870, come abbiamo visto, e così nacque il
Museo Bottacin, che ancor oggi, grazie alla "inalterabilità in
perpetuo" dei patti conclusi fra Nicola e il Comune di Padova,
mantiene la fisionomia istituzionale voluta dal suo fondatore.
Questa fisionomia prevede anche l'erogazione, da parte del
Comune, di una dotazione annuale per l'incremento delle raccolte e della biblioteca specializzata in numismatica, dotazione
che in poco più di un secolo ha portato a triplicare la consistenza delle stesse collezioni e ha reso la biblioteca una delle più
complete esistenti al mondo.

Nell'ambito dei Musei Civici di Padova, pertanto, il Museo
Bottacin si distingue per essere un istituto composto, nel
quale non sono soltanto le caratteristiche cronologiche e tipologiche dei materiali a definirne la competenza, come avviene
per il Museo Archeologico e il Museo d'Arte Medievale e Moderna, ma semplicemente l'appartenenza di questi materiali

alla primitiva collezione di Nicola Bottacin oppure l'acquisizione degli stessi con la dotazione annuale. Questa, infatti, fino agli anni quaranta di questo secolo continuò ad essere utilizzata per acquisti diversificati, evidentemente nel rispetto di quel gusto collezionistico "eclettico" che aveva contraddistinto il fondatore. Così, ad esempio, delle collezioni del Museo Bottacin entrarono a far parte la famosissima serie delle tavole del Guariento, che verrà illustrata in seguito, molte placchette rinascimentali, ceramiche ed armi antiche. L'importanza delle raccolte di monete e medaglie, però, spinse i responsabili del Museo Bottacin, che in base ai patti del 1870 erano per obbligo esperti di numismatica, a privilegiare soprattutto questo genere di materiali, al punto da caratterizzare l'istituto come uno dei rarissimi musei numismatici del mondo. Tale carattere specialistico, inoltre, unito alla notevole personalità scientifica di molti Conservatori del passato e alla collaborazione con l'Università di Padova, portò il museo a distinguersi anche come centro di studi numismatici. Come tale, il Museo Bottacin è oggi sede operativa di un progetto di catalogazione, curato dalla Regione Veneto e dall'Università cittadina, che prevede la schedatura, per mezzo di sofisticatissimi strumenti informatici, di tutte le monete e le medaglie conservate nei musei del Veneto. (*A.S.*)

Popolazioni preromane della Venetia, *dracma d'argento, II secolo a.C.; dritto con testa di Artemide e rovescio con leone stilizzato.*

Le raccolte numismatiche e medaglistiche

Al momento della fondazione del museo, le monete e le medaglie donate da Nicola Bottacin non superavano le 20.000 unità, ma in poco più di un secolo le acquisizioni successive hanno portato il totale dei pezzi a circa 60.000, collocando di diritto questa collezione fra le più importanti d'Italia. Nel rispetto dell'ordinamento primitivo del museo, voluto dallo stesso Bottacin, tutti i materiali sono divisi nelle seguenti serie, ciascuna delle quali comprende sia monete sia medaglie, sigilli, tessere e bolle: "greca antica", "romana repubblicana", "romana imperiale", "italiana medievale e moderna", "veneziana", "napoleonica", "indipendenza italiana" e "padovana". A queste, secondo criteri scientifici più aggiornati, sono state aggiunte la serie "bizantina" e quella delle "monete da scavo".
Per quanto riguarda le *monete*, sono numerosissimi i pezzi unici o rarissimi, gli inediti, le varianti particolari presenti nelle varie serie, ma non sono tanto gli esemplari eccezionali a rendere oltremodo interessante questa classe di oggetti, quanto l'intero complesso della raccolta, che consente di illustrare dovraziosamente una parte non secondaria della storia di queste regioni. Le monete, infatti, più che opere d'arte sono documenti storici; di conseguenza un medagliere assume quasi le caratteristiche di un archivio, dove non è importante tanto l'aspetto formale degli oggetti conservati, quanto il loro contenuto di informazioni.
In questo senso, le collezioni di monete del Museo Bottacin appaiono particolarmente significative, perché furono formate proprio con lo scopo di illustrare le storia economica d'Italia in generale e quella veneta e padovana in particolare. A questo,

Roma Repubblica, ripostiglio monetale rinvenuto a Padova in via Gabelli, I secolo a.C.

poi, dobbiamo aggiungere che al museo pervennero, con regolarità fino al 1913 e saltuariamente anche più tardi, molti dei ritrovamenti monetali avvenuti nel Veneto, ritrovamenti che risultano oltremodo importanti sotto il profilo archeologico-storico. Così, ad esempio, all'interno della serie "greca" particolare rilevanza hanno i numerosi esemplari preromani della *Venetia*, molti di accertata provenienza da scavo, che permettono di documentare quella particolarissima fase monetaria che vide nel II secolo a.C. le popolazioni venetiche passare da una fase primitiva di scambio ad una sia pur larvata economia monetaria. Sicuramente questo avvenne sotto l'influsso di Roma, i cui eserciti proprio allora si andavano affacciando sull'Italia settentrionale, anche se le monete venetiche, da un punto di vista tipologico, si inseriscono in un ambito decisamente padano-celtico.

La successiva fase della romanizzazione è qui documentata dalle monete appartenenti alla serie "romana repubblicana", in grado di illustrare tutti i nominali succedutisi nella circolazione degli ultimi tre secoli prima della nostra era, dall'*aes grave* al pezzo da sessanta assi d'oro, dal vittoriato al famosissimo denaro d'argento. Particolarmente importanti sono alcuni ripostigli (gruzzoli di monete interrati anticamente e così ritrovati) di epoca tardo-repubblicana, come quello di via Gabelli a Padova, ricco di oltre 650 denari d'argento. Grazie a rinvenimenti come questi, che trovano paralleli in numerosi musei archeologici della regione, è stato possibile verificare come i pericoli delle guerre civili del I secolo a.C. si fecero sentire fortemente anche nel Veneto, costringendo la popolazione ad affidare alla terra la protezione dei propri averi.

La successiva raccolta "romana imperiale" appare formata con intenti maggiormente collezionistici, nei quali viene sem-

Roma Repubblica, Aes Grave, 225-217 a.C.; dritto con la testa di Giano bifronte.

pre privilegiata la moneta bella e di buona conservazione. Ne fa fede la ricca serie dei sesterzi e degli aurei con ritratto imperiale, spesso di eccezionale bellezza. Non mancano, comunque, materiali più umili ma più legati alla effettiva circolazione monetaria del tempo, di cui sono un esempio gli assi e gli antoniani d'argento.

Assommano a parecchie centinaia di pezzi, infine, le monete imperiali di accertata provenienza da scavi nel territorio; fra queste val la pena di menzionare alcuni rarissimi medaglioni in bronzo del II secolo d.C., emessi per Adriano, Faustina II e Lucio Vero, nonché alcuni ripostigli tardo-antichi. Nel complesso tali monete da scavo testimoniano come anche in area veneta si sia giunti già con Augusto (27 a.C. - 14 d.C.) ad una completa e sviluppata economia monetaria, ad un'economia, cioè, dove in quasi tutte le transazioni commerciali viene utilizzata la moneta. Tale economia monetaria andò comunque scemando a partire dal III secolo d.C, dato che i numerosissimi esemplari del IV secolo, assai comuni qui come altrove, testimoniano più un periodo di capillare tesaurizzazione di tutte le monete, anche le più povere, che di sviluppo vero e proprio degli scambi monetari.

Non particolarmente ricca risulta la serie "bizantina", che comprende anche gli esemplari emessi dalle popolazioni barbariche insediatesi in Italia alla caduta dell'Impero romano d'Occidente. Nel suo insieme appare comunque interessante, perché sembra essere costituita soprattutto da materiali di provenienza locale, come può testimoniare la non buonissima conservazione di molti esemplari. Tenuto conto del mercato numismatico al quale si rifornivano dapprima Nicola Bottacin e successivamente i Conservatori del museo, se ne può dedurre che le monete raccolte al museo offrono una testimonianza

Carlo Magno, zecca di Treviso, denaro d'argento con il monogramma dell'imperatore (781-793).

Milano, Ludovico Maria Sforza detto il Moro, doppio ducato d'oro, 1494-99; dritto con il ritratto di Ludovico.

Zecca di Padova, Francesco I da Carrara, punzone per il carrarino d'argento da due soldi, 1355-88.

Zecca di Padova, Francesco I da Carrara, ducato d'oro, 1355-88; dritto con il carro.

della circolazione di monete bizantine nell'Italia settentrionale e in alcune regioni limitrofe come l'Istria, la Slovenia, la Croazia e la Carinzia. Sono tutti territori posti al di fuori dei confini dell'Impero d'Oriente, per cui questa raccolta può contribuire a comprendere la funzione del circolante bizantino dove questo non era "moneta di stato". Assai numerose, inoltre, sono le falsificazioni di monete bizantine realizzate dal Cigoi, il che rende il Museo Bottacin una fonte primaria nella illustrazione dell'attività di questo famoso falsario dell'Ottocento.

La collezione numismatica decisamente più vasta e completa del museo, comunque, è quella delle monete italiane medievali e moderne, suddivisa nelle tre serie "italiana", "veneziana" e "padovana". Sarebbe sicuramente troppo lungo elencare anche soltanto una parte delle rarità, degli inediti, dei pezzi eccezionali che contraddistinguono questa raccolta e che già a pochi anni dalla fondazione costituirono l'oggetto della prima pubblicazione a stampa riguardante il Museo Bottacin. Tutta la storia monetaria delle regioni italiane può essere documentata dai materiali qui raccolti, dalla grande riforma di Carlo Magno, che nella seconda metà dell'VIII secolo uniformò tutta la monetazione dell'impero, creando il sistema basato sulla lira, il soldo e il denaro, alle innovazioni napoleoniche, che introdussero in Italia il sistema decimale; dalle prime emissioni auree di Firenze, Genova e Venezia, che nel Duecento contribuirono a quello sviluppo economico-finanziario che fece dell'Italia la nazione forse più ricca d'Europa, alle monete bimetalliche italiane dei nostri giorni. Se escludiamo parte delle monete di zecche venete, quasi tutti gli esemplari furono acquistati nel commercio e quindi non offrono dati di provenienza da scavi o da ripostigli. In compenso, la loro qualità appare proprio per questo molto elevata e in grado di illustrare degnamente il livello artistico, spesso molto raffinato, di questo particolare genere di manufatti. È il caso, ad esempio, delle monete del Rinascimento, che proprio quest'anno (1992) costituiscono l'oggetto di una delle esposizioni a rotazione con le quali vengono presentate al pubblico le raccolte numismatiche. Nel Rinascimento le monete assolsero una funzione notevole nel diffondere a un pubblico vastissimo gli stilemi del nuovo verbo artistico, come dimostrano le splendide emissioni degli Sforza di Milano, chiaramente influenzate da Leonardo, o quelle dei Gonzaga a Mantova e degli Estensi a Ferrara, per le quali è possibile stabilire un rapporto con artisti come Mantegna o Pisanello.

Un discorso a parte merita la serie delle monete padovane, che ovviamente appare la più completa esistente al mondo. Proprio i numerosi esemplari conservati al museo hanno permesso agli studi di comprendere come questa zecca, a lungo considerata "minore", abbia svolto invece un ruolo economico importantissimo nel XIV secolo, mettendosi talvolta in concorrenza con la ben più importante zecca di Venezia. Ne è prova lo stesso ducato d'oro di Francesco I da Carrara, del quale il museo conserva il secondo esemplare conosciuto, che rappresenta il tentativo da parte delle autorità monetarie patavine di inserirsi nel circuito monetario del famoso ducato aureo veneziano. Sempre della serie padovana fa parte il conio o punzone in ferro del carrarino da due soldi di Francesco I da Carrara (1355-1388), pezzo eccezionale in quanto autentico. Sono infatti rarissimi i coni autentici di età medievale, stante l'uso di distruggerli non appena se ne abbandonava l'utilizzo, onde evitare falsificazioni da parte di estranei.

Per completare questa rapida sintesi sulle monete del museo, occorre ricordare anche la serie "napoleonica" che, per completezza e rarità di pezzi, non trova confronti al di fuori dei maggiori medaglieri di Francia. Venne raccolta quasi completamente dallo stesso Nicola Bottacin, evidentemente per una particolare affezione al personaggio di Napoleone oppure al periodo storico in cui costui visse ed operò.

Non meno interessante e ricca appare la collezione di *medaglie*, anch'essa suddivisa nelle serie indicate sopra per le monete. Essendo oggetti con funzioni celebrative e commemorative, senza potere liberatorio (senza, cioè, essere spendibili), le medaglie presentano caratteri individuali molto più marcati delle monete, che invece sono sempre legate al mercato e quindi a un sistema monetario. Diventa pertanto difficile fornire un quadro dell'intera raccolta senza superare i limiti di una sintesi generale. Basti dire che tutti i principali artisti italiani che operarono in questo particolare settore, Pisanello, Matteo de' Pasti, Cellini, Soldani, Fabris, fino allo scultore contemporaneo Emilio Greco, sono qui ben rappresentati. A questo bisogna aggiungere, però, che il Museo Bottacin è forse uno dei pochi istituti al mondo in grado di illustrare con materiali autentici l'origine stessa della medaglia.

Tradizionalmente la nascita della medaglia viene attribuita all'opera di Pisanello e in particolare al pezzo realizzato nel 1438 per l'imperatore d'Oriente Giovanni VIII Paleologo. Molto meno noto è il fatto che vi sono dei precedenti alla fine del XIV

Anonimo, medaglia in argento per la riconquista di Padova da parte di Francesco II da Carrara, 1390; dritto con il ritratto di Francesco II e rovescio con il carro.

Vittore Camelio, medaglia in bronzo con l'autoritratto, 1508, rovescio.

secolo, precedenti che possono considerarsi le prime vere espressioni di questa forma d'arte. Nel 1390 Francesco II da Carrara riconquistò la città di Padova e ne assunse la signoria, dopo l'occupazione viscontea iniziata due anni prima a scapito del padre Francesco I. In quell'occasione vennero coniati quattro oggetti (due in argento e due in bronzo) a forma di moneta, ma senza potere liberatorio, che ricordassero per sempre l'avvenimento. Nello stile, nelle dimensioni e nella tecnica tali oggetti ricordavano le più famose monete di Roma antica, i sesterzi. In queste opere abbiamo quindi già tutte le caratteristiche (aspetto monetiforme, valore celebrativo, tradizione classica) che in seguito verranno a costituire la definizione stessa di medaglia. Rappresenta quindi un vanto particolare delle collezioni del museo la presenza di tutti e quattro questi bellissimi esemplari, due dei quali possono considerarsi unici. In complesso la collezione è in grado di documentare tutta la produzione medaglistica italiana, attraverso le sue fasi più interessanti, da quella rinascimentale a quella neoclassica, ma appare particolarmente ricca per quanto riguarda due stagioni molto felici di questa forma d'arte, il Barocco e il primo Novecento. Così sono numerosi gli esemplari dei Mola e degli Hamerani, che nel XVII secolo fecero di Roma il centro europeo più importante nella produzione di medaglie coniate, come quelli del Soldani e del Selvi, che tra XVII e XVIII secolo resero invece Firenze la capitale della medaglia fusa di grande modulo. Per quanto riguarda il primo Novecento, la felice coincidenza fra il momento di massima capacità d'acquisto da parte del museo e la rinascita della medaglia come vera e propria espressione d'arte, dopo l'opaca stagione ottocentesca, ha arricchito la collezione di numerosi esemplari di grandissima qualità, anche se forse di non grande fama. Possiamo cita-

Andrea Briosco, medaglia in bronzo con l'autoritratto, XVI secolo.

*Giovanni da Cavino,
medaglione in bronzo
con ritratto di Fracastoro,
metà del XVI secolo.*

re, a titolo d'esempio, i pezzi di autori come Saroldi, Castiglio-
ni e Cappuccio, spesso realizzati dallo stabilimento Johnson di
Milano. Sempre nell'ambito della raccolta di medaglie italiane, degni di nota sono i punzoni originali per medaglie e placchette realizzati da Giovanni Beltrami (1777-1854), il noto intagliatore cremonese di gemme neoclassiche. Tali pezzi, giunti
al museo attraverso la nuora dell'artista, la pittrice Elisa Benato Beltrami, testimoniano infatti un tipo di attività, da parte di questo autore, finora del tutto sconosciuto.
Naturalmente molto ricca appare la serie delle medaglie realizzate in ambito veneto, soprattutto nei due centri di Venezia
e Padova. Per quanto riguarda la città lagunare, possiamo ci-
tare a titolo d'esempio un pezzo decisamente eccezionale, sia
per la rarità che per l'importanza dell'avvenimento celebrato.
Si tratta della medaglia in oro realizzata dalla Repubblica Veneta nel 1571, a ricordo della vittoria di Lepanto, medaglia conosciuta soltanto grazie all'esemplare qui conservato. All'interno della produzione medaglistica di Padova, invece, di as-
soluto rilievo appare la raccolta dei pezzi di Giovanni da Cavino (1500-1570), forse il più grande incisore che abbia mai ope-
rato in questa città. A lui, tra l'altro, Padova deve la fama
piuttosto ambigua che la caratterizza come il più importante
centro del Rinascimento nella produzione di monete romane
falsificate, al punto che ancor oggi negli inventari di tutti i musei del mondo questi falsi rinascimentali vengono indicati come "padovani". In effetti è vero che Giovanni da Cavino rea-
lizzò numerosi rifacimenti di monete romane, ma si tratta
piuttosto di imitazioni "originali" dall'antico che non di tentativi di truffa, come testimonia l'affinità stilistica fra questi rifacimenti e la produzione medaglistica vera e propria dello

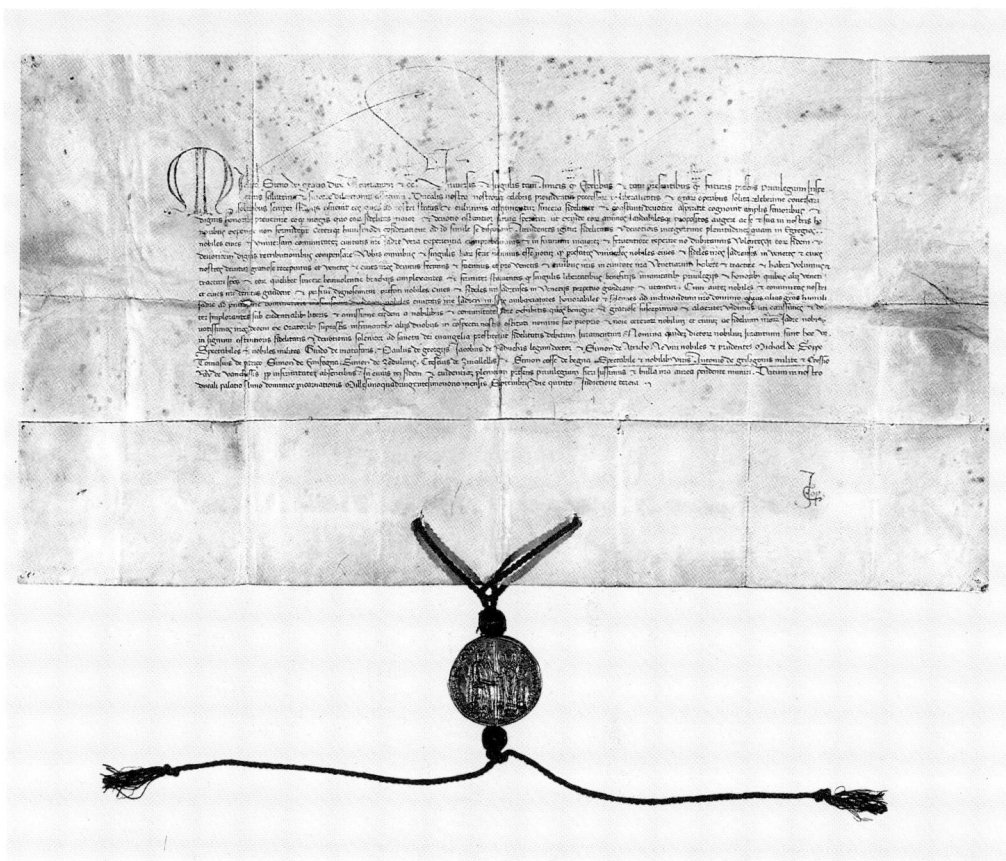

Bolla in oro del doge Michele Steno, con la quale venne concessa la cittadinanza veneziana agli abitanti di Zara, 1409.

stesso autore. Proprio i numerosi esemplari conservati al Museo Bottacin hanno permesso agli studi di giungere a questa importante conclusione. Se l'attività del Cavino come incisore di coni è ben conosciuta, non altrettanto si può dire della sua attività come bronzista. Per questo sono decisamente interessanti i due tondi in bronzo, fusi e di grandi dimensioni, conservati al museo. Le due opere, con i ritratti degli scienziati ed eruditi Fracastoro e Navagero, furono realizzate dal Cavino prima del 1552, per conto del famoso geografo Giovan Battista Ramusio.

Per concludere l'illustrazione delle raccolte definite "numismatiche" in senso lato, occorre ricordare anche la collezione di *sigilli*, una delle più famose in Italia per essere stata oggetto di una delle prime pubblicazioni scientifiche di sfragistica. Come in quasi tutti i musei, anche in questo caso la raccolta comprende per lo più tipari, cioè matrici in metallo per imprimere su cera il sigillo vero e proprio, mentre mancano quasi del tutto sigilli apposti a documenti. Questo, in effetti, è un grave difetto, perché non consente di cogliere tutte le implicazioni storico-cronologiche proprie di questo genere di manufatti. Vale la pena, comunque, ricordare alcuni pezzi particolarmente significativi, come il sigillo in bronzo di Rinaldo

Scrovegni, il famoso usuraio padovano del XIII secolo e padre di Enrico, costruttore della Cappella degli Scrovegni, sigillo che porta il simbolo della sua famiglia: la scrofa. Tale immagine doveva essere così ben conosciuta fra i contemporanei bisognosi di denaro che Dante, nel XVII canto dell'Inferno, descrive Rinaldo Scrovegni senza nominarlo, ma soltanto con le parole "Ed un, che d'una scrofa azzurra e grossa segnato avea lo suo sacchetto bianco...". Altro pezzo di grande interesse è la bolla in oro del doge veneziano Michele Steno, conservata assieme alla pergamena originale, con la quale nel 1409 venne concessa agli abitanti di Zara la cittadinanza veneziana. In passato tale documento venne anche sfruttato in chiave politica, all'epoca dei nazionalismi, come prova dell'italianità delle terre dalmate.

Per quanto riguarda l'esposizione di tutti i materiali numismatici sopra descritti, attualmente è inserita nel percorso espositivo dei Musei Civici una sala didattica, con circa duecento monete e medaglie particolarmente significative. Un'altra sala, invece, è dedicata a esposizioni temporanee ed a rotazione di complessi omogenei. Il programma attuale prevede per tutto il 1992 l'esposizione di monete e medaglie del Rinascimento, mentre nei due anni successivi saranno esposti gli esemplari dell'età barocca. (*A.S.*)

Sigillo in bronzo di Rinaldo Scrovegni con l'immagine della scrofa, fine del XIII secolo.

*Guariento, Madonna
con il Bambino, metà
del XIV secolo, tavola.*

*Guariento, Gruppo di dieci
angeli seduti (Troni), metà
del XIV secolo, tavola.*

La raccolta Guariento

Nonostante fin dall'epoca della fondazione il Museo Bottacin si fosse sempre più caratterizzato come istituto numismatico, almeno fino al secondo dopoguerra la dotazione annuale di fondi venne utilizzata anche per acquisti di genere diversificato, spesso sulla base del gusto e dell'interesse scientifico dei responsabili del museo. Era questa una pratica tipica del collezionismo privato, che però trovava ben pochi confronti in altri musei pubblici dell'epoca. Sicuramente l'acquisizione più importante, determinata da questo atteggiamento particolarmente "libero", fu nel 1902 quella delle tavole trecentesche del Guariento, che portarono al museo un complesso pittorico unico nel suo genere. La serie proveniva dall'aula delle Adunanze dell'Accademia Patavina di Scienze, Lettere ed Arti, un tempo Oratorio della Reggia dei Carraresi, della quale costituiva la decorazione originaria. Venne venduta al Museo Bottacin dalla stessa Accademia ed al suo acquisto concorsero sia l'intera dotazione annuale dell'istituto sia una congrua offerta da parte di un privato benefattore. L'intero ciclo consta di ventinove pezzi raffiguranti la *Madonna con il Bambino*, *San Matteo* e poi *Angeli* e *Schiere angeliche* in varie guise e con varie attribuzioni e può essere datato al periodo 1350-51. Si trova attualmente esposto in due sale inserite nel percorso della Pinacoteca Civica, per cui rimandiamo alla guida del Museo d'Arte Medievale e Moderna per una breve analisi critica dell'intera opera. Accanto ai dipinti provenienti dalla Reggia dei Carraresi si trova esposta anche una piccola tavola di forma esago-

Alberto Rieger, Prospetto generale di villa Bottacin, 1866, acquerello.

*Cesare Laurenti, La vedova,
fine del XIX secolo, tela.*

*Domenico Induno,
La supplente della mamma,
1857, tela.*

nale con la raffigurazione del *Redentore*, sempre del Guariento ma di diversa provenienza, che illustra una fase precedente nel percorso artistico di questo pittore. Anch'essa venne acquistata, nel 1906, con i fondi del Museo Bottacin. (*A.S.*)

La raccolta "d'arte moderna"

I dipinti
Piccola, ma interessante, è la cosiddetta raccolta "d'arte moderna" del Museo Bottacin, costituita da pitture e sculture dell'Ottocento. Queste opere, ad eccezione di alcuni dipinti, acquistati o donati al museo dopo la morte del fondatore, costituivano la galleria personale del commerciante triestino che le aveva acquistate o commissionate appositamente per arredare la sua bellissima villa di Trieste.
Questa residenza, che possiamo ammirare nei cinque acquerelli (*Abitazione, Prospetto generale, Castello al cacciatore, Rovina, Parte svizzera*) di Alberto Rieger, esposti attualmente nella sala didattica, era costituita non da un singolo edificio, ma da un complesso di costruzioni, immerse in un parco eccezionale per la quantità e la bellezza dei fiori e delle piante, anche rare, che lo ornavano. L'abitazione vera e propria era situata al centro del complesso, sulla cima di un piccolo colle, e si rifaceva nello stile alle ricche residenze di campagna inglesi,

*Paul Meyerheim, Donna
e bimbo con gatti, 1851, tela.*

Biblioteca.

in cui il recupero di gusto medievale si mescolava con elementi orientaleggianti e con elementi dell'architettura italiana. Le opere pittoriche e scultoree che possiamo oggi ammirare in una sala del Museo Bottacin abbellivano un tempo le stanze di questa rinomata villa, rispondendo quindi a precise esigenze di arredamento, a seconda dell'ambiente (camera da letto, sala da pranzo, salotto, ecc.) a cui erano destinate e all'atmosfera che dovevano ricreare. Dovevano anzitutto rispondere alla sensibilità e all'interesse del loro committente, essendo nate come opere di fruizione esclusivamente personale.

Se scorriamo insieme i titoli di questi dipinti possiamo individuare due tematiche principali: il soggetto religioso-morale (*L'Angelo custode* di Antonio Zona, *Il testamento del povero* e *La fiducia in Dio* di Fortunato Bello) e la scena di genere (*La supplente della mamma* di Domenico Induno, *La fanciulla con farfalla* di Antonio Rotta, *Il maniscalco di campagna* di Friedrich Gauermann), anche se non mancano soggetti di gusto ancora neoclassico come la *Giuditta* e *La toilette* di Natale Schiavoni o grandi quadri storici (*Francesco Ferrucci sulle mura di Volterra* di Cesare dell'Acqua) nella cui composizione scenografica il Bottacin volle simboleggiare la sua partecipazione ai problemi patriottici del tempo. Diverse tematiche quindi animano questi dipinti, che però hanno in comune la volontà di rappresentare "il sentimento" nelle sue varie sfumature. Il Bottacin infatti fu particolarmente sensibile a questo filone "sentimentale" di matrice romantica e a quel tipo di raffigurazione che riusciva a comunicare all'osservatore sentimenti immediati e commossi. Interessanti al riguardo anche alcune piccole tele di autori tedeschi, chiaramente in rapporto con il soggiorno triestino del collezionista (Trieste fu nell'Ottocento un vivacissimo centro culturale con intensi rapporti con molte città italiane ed europee). Queste scenette, ispirate a momenti di vita quotidiana (il già citato *Maniscalco di campagna* di Gauermann) o familiare (*Donna e bimbo con gatti* di Paul Meyerheim, *Fanciulli che giocano intorno ad un albero* di Julius Kosler), ci confermano come il Bottacin fosse più interessato alle tematiche e ai soggetti delle opere che acquistava o commissionava che agli artisti in sé, a differenza di altri collezionisti del tempo nelle cui raccolte comparivano opere di autori famosi sia contemporanei che antichi. Completano la raccolta alcune vedute di Venezia di Luigi Querena (*Interno di San Marco: il pulpito*, *La cappella di sinistra*, *La cappella di destra*, *Veduta di campo Santa Marta*, *Il Canal Grande verso la chiesa della Salute*), sei copie del pittore tedesco E. Müller da dipinti del Murillo, autore spagnolo seicentesco, con soggetti del mondo dell'infanzia povera (*Gioco dei dadi*, *La piccola fruttivendola*, *Fanciulli che giocano a carte*, *Fanciulli che mangiano uva e melone*, *Bimbo con donna anziana*, *Fanciulli con cesta di frutta e cane*), una grande tela con una *Marina* di Lorenzo Butti e alcuni *ritratti* di Augusto Caratti fra cui quello dedicato a Nicola Bottacin. Bisogna aggiungere che nel corso degli anni la raccolta si accrebbe di altri pezzi, grazie ad alcune donazioni, come nel caso della tela *Giovane vedova* di Cesare Laurenti, o attraverso acquisti. Degno di nota al riguardo è il grande trittico a olio intitolato *Nei paesi*

*Vincenzo Vela, La Flora, 1858,
marmo.*

*Antonio Canova, Busto del
doge Paolo Renier, 1779 circa,
terracotta.*

del mare di Charles Cottet, artista francese rappresentante di quella scuola bretone che si opponeva chiaramente alle nuove tendenze parigine. La tela, che figurava all'esposizione internazionale di Belle Arti di Venezia nel 1898, fu acquistata per espressa volontà di Achille Carcassone, intimo amico ed esecutore testamentario del Bottacin, che lasciò appunto un legato di quattromila fiorini "da impiegarsi nell'acquisto di un dipinto di distinto artista francese, acciocché anche questa scuola sia degnamente rappresentata in codesto simpatico Museo". Alcuni altri dipinti minori, una collezione di acquerelli e pastelli di pregevoli artisti ottocenteschi italiani e stranieri, raffiguranti paesaggi, ritratti e soggetti vari, completano il gruppo pittorico della collezione Bottacin.

Sala delle statue (raccolta "d'arte moderna").

Collezione nel suo insieme molto interessante in quanto testimonianza precisa e vivace del "gusto" dominante nella committenza borghese del secolo scorso, alquanto sorda ai nuovi fermenti che agitavano il panorama contemporaneo delle arti figurative. Basti pensare al proposito a quanto stava accadendo, per esempio, in Francia, dove pittori come Courbet, Millet, Manet causarono una vera rivoluzione nella concezione dell'arte, concretizzatasi nel 1863 con l'apertura del "Salon des Refusés", o in Italia stessa dove, pur con ritardo rispetto al resto d'Europa, il modo di dipingere subì una radicale trasformazione; ne è un esempio assai significativo la cosiddetta "rivoluzione della macchia", nata nella seconda metà dell'Ottocento in Toscana.

Ma il Bottacin faceva parte di quella classe borghese che non aveva saputo o voluto cogliere le novità di quegli artisti e che anzi ne era rimasta scandalizzata, continuando a preferire un'arte più comunemente accettata, ancora rivolta ai fermenti del pensiero romantico e agli echi della grande tradizione classicheggiante.

Le sculture

Questo classicismo romantico rivive in modo particolare nel gruppo di sculture facenti parte della raccolta. Da sottolineare al riguardo come, rispetto alla tradizionale consuetudine del collezionismo contemporaneo, pressoché imperniato sui dipinti, sia rilevante il numero delle opere scultoree fatte realizzare dal Bottacin per il suo godimento. Osservando le bellissime forme della *Flora* del Vela o la leggiadria della *Leggitrice* e della *Disegnatrice* del Magni o ancora la tenera grazia dei *Putti* dello Zannoni e del Crippa, la soavità della *Fanciulla in preghiera* del Cameroni e l'ottima fattura della *Leda con cigno* del Croff, possiamo intuire quale fosse il tipo di scultura prediletta dal collezionista triestino. In tutte queste figure infatti la dignità degli atteggiamenti e la severa compostezza lineare continuano a rappresentare la perfezione dello stile e delle forme proprie dei canoni classici, ma l'espressività, lo spirito e le tematiche sono propri di quel realismo romantico che si stava imponendo verso la metà del XIX secolo. Anche la scultura si avvicina alla vita, si fa più reale, forte e sociale, e audacemente trasporta nel marmo tutte le particolarità del vero, anche se nella modellazione delle forme ancora così lisce e levigate risente dell'estetica neoclassica di cui fu insuperabile maestro

Anonimo, Ritratto
di Massimiliano d'Asburgo
con sua firma autografa,
1860 circa, tempera.

Antonio Canova. Di questo grande artista lo stesso Bottacin possedeva un pezzo di prestigio, che ora rappresenta il vanto delle collezioni scultoree del museo: il busto in terracotta raffigurante il doge *Paolo Renier*. Venne acquistato presso l'antiquario padovano Luigi Rizzoli che a sua volta l'aveva ottenuto dal nipote del committente, quell'Angelo Querini che lo aveva fatto eseguire per la sua villa di Altichiero presso Padova. Opera giovanile del Canova, è improntato a un gusto decisamente pittorico, come si rileva soprattutto nella modellazione disinvolta del volto grasso e sorridente, gusto ancora del tutto estraneo al mutamento di indirizzo che seguirà al viaggio a Roma dello scultore e testimonianza invece di quanto egli dovesse alla tradizione pittorica veneta.

Ritornando al gruppo delle sculture attualmente esposte, assieme ai dipinti più importanti, in una stanza chiamata "sala delle statue", possiamo rilevare come queste opere siano degne di nota, oltre che per il loro valore artistico, per il fatto che mettono in luce, ancor più delle pitture, il particolare rapporto che si instaurava tra il committente Bottacin e gli artisti a cui si rivolgeva. Innanzitutto era quasi sempre lui a stabilire il soggetto delle opere, fissando esplicitamente le pose dei personaggi, le espressioni dei volti, gli ornamenti con cui abbigliare i protagonisti e comunicando a volte anche le misure. Proprio la scultura forse più bella della sua collezione, la *Flora* del Vela, è un significativo esempio di questo controllo, spesso rigido, che imponeva agli artisti. In una lettera del 30 ottobre 1856 infatti così Nicola Bottacin mandava a dire, tramite un comune amico, allo scultore Vincenzo Vela: "Che la statua [il modello era una *Primavera*] fosse una Flora da eseguirsi in marmo bianco statuario di Carrara scevro da difetti importanti; che la tèsta fosse cangiata in quella di giovinetta dai 15 ai 16 anni, avvenente e simpatica, gaia e sorridente, nell'atto di ornarsi di fiori la chioma". La lettera continua fissando l'altezza del pezzo, i tempi di esecuzione e le modalità della consegna. Il Vela accetta le indicazioni del committente (tutto questo in un momento in cui anche gli artisti stavano scoprendo la loro autonomia, grazie al pensiero romantico e alla proclamazione dell'artista-genio) e il risultato fu questa bellissima fanciulla dalle linee pure e flessuose e dall'espressione leggiadra, esempio di quel classicismo romantico di cui lo scultore ticinese fu uno dei protagonisti.

Al rinnovamento in senso romantico-realistico che caratterizza soprattutto la scultura lombarda della seconda metà dell'Ottocento, contribuisce decisamente anche Pietro Magni, autore delle due figure femminili, ritratte in momenti di familiare intimità, la *Disegnatrice* e la *Leggitrice*, opere romantiche per la tematica e la linearità compositiva.

Il Magni seppe esaltare con delicatezza, oltre alla bellezza femminile, anche quella infantile, come possiamo ammirare nel *Bimbo con piattino sopra cuscino*, in cui si evidenzia anche la sua bravura tecnica nel rendere in marmo trine e ricami delle vesti e trattamento dei capelli. Una non comune abilità nel lavorare il marmo risalta anche nel *Bimbo con palla sopra cuscino* del Crippa, scultura che il Bottacin acquistò per fare da *pendant*, nel suo museo, al "putto" del Magni. La grazia e

*Anonimo, Ritratto del generale
don Miguel Miramar, XIX
secolo, tela.*

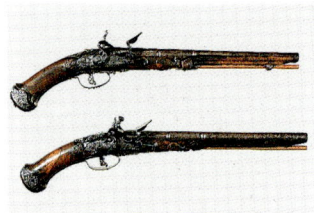

Lazarino Cominazzo e Andrea Pizzi, coppia di pistole a pietra focaia alla moderna, XVII secolo.

l'ingenuità della fanciullezza si ritrovano ancora nei due putti dello Zannoni intitolati *Bimbo che guarda attraverso un cristallino* e *Bimbo che si succhia il ditino pestato dal martello*, soggetti di straordinaria piacevolezza ed efficacia emotiva.

La bellezza e la sensualità femminile sono incarnate dalla *Leda con cigno* di Giuseppe Croff, nudo di ottima fattura e finitezza, mentre la virginea purezza è raffigurata nella *Fanciulla in preghiera* di Angelo Cameroni, statua intensamente espressiva dal modellato sensibile e puro che rende delicatamente i lineamenti della fanciulla assorta in preghiera. Del Cameroni è anche il *Busto dedicato al Bottacin*, che oggi possiamo ammirare all'ingresso del suo museo, fatto eseguire dal Comune di Padova in segno di perenne riconoscenza per il lascito da lui fatto alla città. Il busto, rimasto incompleto anche se in modo trascurabile (manca qualche tocco ai capelli e al vestito) per la scomparsa improvvisa dello scultore, risultò comunque molto somigliante e di accurata fattura. (*R.P.*)

Vaso con scena di vita familiare tra fiori e fregi, porcellana cinese, XIX secolo.

La raccolta messicana

Il Museo Bottacin conserva le testimonianze della sincera e
duratura amicizia che legò per oltre dieci anni il commerciante
triestino e l'arciduca d'Austria, Massimiliano d' Asburgo, fratello dell'imperatore Francesco Giuseppe. Entrambi amanti
dell'arte e appassionati di botanica, si scambiarono per lungo
tempo, nonostante la differenza di ceto, idee, progetti, informazioni e consigli. Bottacin fu invitato più volte dall'arciduca
al castello di Miramar e partecipò alla vita mondana della corte asburgica di Trieste. Prima di lasciare questa città per la
sfortunata missione in Messico, il nuovo imperatore, con de-
creto ministeriale, investì l'amico del titolo di "Ufficiale del-
l'Ordine Imperiale della Guadalupa". La lontananza non affie-
volì il rapporto di amicizia fra i due, come rivelano le lettere,
anche confidenziali, che continuarono a scambiarsi. Anzi l'arciduca decise di affidare alle cure e alla competenza dell'amico
il giardino di Miramar, a lui così caro. Quando il Bottacin seppe della tragica scomparsa dell'imperatore del Messico fu sin-
ceramente addolorato e volle suggellare il suo ricordo dedi-
candogli una specie di piccolo museo, all'interno di quello da
lui fondato a Padova. Sono qui conservate infatti le lettere in-
tercorse fra Massimiliano e Bottacin, oggetti personali del-
l'imperatore utilizzati durante il suo tragico soggiorno messi-
cano, tra cui il ventaglio e il sombrero, bianco con nastro azzurro a ricami d'oro, che la leggenda dice indossasse il giorno
della fucilazione, alcune spazzole in avorio con fregi in oro, monete, medaglie, decorazioni relative al suo breve dominio sul
Messico, quadri e acquerelli raffiguranti Massimiliano e la sua
sposa Carlotta. Anche del generale Miramon, suo fedele ser-
vitore, fucilato con lui a Queretaro dalle truppe di Benito Jua-
rez, si conservano al Museo Bottacin oggetti e ricordi personali, fra cui un grande ritratto a olio, donati dalla figlia del va-
loroso generale perché rimanessero uniti a quelli del suo imperatore. Completano la raccolta messicana alcuni idoli e vasi di
arte atzeca (purtroppo non autentici, come rivelato da un recente studio in fase di pubblicazione), spediti dal Messico al
Bottacin direttamente dallo stesso Massimiliano. Questi oggetti (ad eccezione di alcuni esposti in una vetrina della sala didattica), i carteggi e il rimanente materiale (esclusi il sombrero e il ventaglio racchiusi in una apposita teca) sono contenuti
in un mobile, fatto eseguire appositamente dal Bottacin, ornato della corona imperiale e su cui posa la copia in bronzo del famoso vaso Barberini, regalata dall'arciduca al Bottacin durante un fastoso ricevimento a Miramar. (*R.P.*)

*Melchior Mayer, coppa
incastonata di 45 denari
romani antichi, 1534,
argento dorato.*

La raccolta di bronzetti
e placchette rinascimentali

Attualmente la maggior parte di questa collezione è esposta
nelle vetrine dei bronzetti rinascimentali del Museo d'Arte,
assieme a materiali consimili di proprietà di quet'ultimo. La
raccolta dei pezzi, iniziata dal Bottacin, non era all'inizio molto
ricca e mancava sicuramente di sistematicità, in quanto egli
acquistava spesso ciò che colpiva la sua sensibilità, senza però

un preciso criterio e una fondata metodologia. Dopo la sua morte essa fu tuttavia notevolmente incrementata, soprattutto per merito di Luigi Rizzoli, anche in nome di quella tradizione che vide Padova centro della bronzistica, specie durante il Rinascimento, quando era dilagato il gusto per il classico, interpretato in chiave allegorica, spesso mescolato al fascino del demoniaco.

Fanno parte della raccolta parecchie placchette di soggetto religioso, molte statuette, alcuni oggetti di uso quotidiano-domestico, come un mortaio, due maniglie, un calamaio, due campanelli ecc. Il pezzo più famoso è l'*Urna per votazioni* del Comune di Padova, opera di Desiderio da Firenze, per la cui illustrazione, dal punto di vista artistico, come per quella degli altri pezzi, si rimanda alla guida del Museo d'Arte Medievale e Moderna.

Pur non appartenendo tecnicamente alla raccolta dei bronzetti, è qui da segnalare un oggetto particolare del Rinascimento tedesco: la *Coppa d'argento* dorato e smaltato, incastonata di ben 45 denari d'argento di Roma repubblicana e imperiale (esposta in una vetrina della sala didattica). Opera di Melchior Mayer, artista della scuola di Norimberga, la coppa è un interessante esempio di un gusto, tutto rivolto all'ostentazione, tipico dell'oreficeria tedesca del XVI secolo; all'interno del coperchio si legge la data 1534, quasi certamente l'anno di esecuzione del lavoro, mentre sotto il piedestallo sta incisa l'arme gentilizia della famiglia Parravicini, dalla quale il Bottacin ebbe il prezioso oggetto. (*R.P.*)

Anonimo, Codicetto Bottacin, album miniato: Contadina padoana, inizi del XVII secolo.

Raccolte varie

Accanto a queste collezioni principali, il Museo Bottacin possiede altre raccolte di oggetti d'arte, di consistenza minore, ma di notevole valore artistico e storico.

Tra esse ricordiamo una collezione d'armi antiche (secoli XV-XIX), consistente in alabarde, spade, pugnali, sciabole, armi da fuoco, ecc.; una serie di ceramiche cinesi e giapponesi del secolo scorso, che il Bottacin comperò nel 1873 per il suo museo, sulla scia di quella moda per l'arte orientale ed esotica che invase anche l'Europa a partire dal 1869. Si tratta di quattro vasi di porcellana giapponese, decorati con scene familiari o con fregi di fiori e pesci, due di porcellana cinese, a forma di pera con collo lungo e stretto, mentre altri due, di notevoli dimensioni, con manici a forma di mostri in lotta, hanno il corpo bombato con al centro due riquadri che raffigurano scene di guerrieri a cavallo.

Segnaliamo ancora una raccolta di copie in gesso di 3149 cammei fra i più belli conservati nei musei d'Europa, custoditi in un mobile denominato "dattilioteca", e alcune bandiere in seta da bastimento degli ultimi tempi della Repubblica Veneta e, giunta per acquisto, la bandiera dell'incrociatore *Audace* che fu il primo vessillo italiano a giungere a Trieste alla fine della prima guerra mondiale.

I reperti archeologici infine, raccolti dal Bottacin, sono passati a incrementare la raccolta del Museo Archeologico (alla cui sezione si rimanda al proposito); erano per lo più oggetti fittili romano-etruschi, di piccole dimensioni, come ampolle lacrimatorie, lucerne, vasetti, scodelle, statuine ecc. (*R.P.*)

Biblioteca

Come biblioteca specializzata è una delle più importanti d'Europa. Comprende attualmente circa 25.000 volumi e opuscoli di numismatica, araldica, glittica, sfragistica, nonché le raccolte complete delle principali riviste numismatiche che si pubblicano nel mondo.

Numerose sono le opere a stampa del Cinquecento e vi fanno parte anche alcuni manoscritti di numismatica e araldica. Degni di nota sono poi un album con una raccolta di stampe (184 incisioni) di vari autori fra cui Rembrandt, Dürer, Callot, Tiepolo e il cosiddetto "Codicetto Bottacin", album miniato del XVII secolo, raffigurante feste, cerimonie e costumi veneziani e dell'entroterra, con scritte a caratteri dorati dell'epoca. È opera probabile di un giovane disegnatore fiammingo di passaggio o residente nel Veneto tra il primo e il secondo decennio del XVII secolo, che riprese nel suo lavoro temi cari all'iconografia veneziana.

Naturalmente continuo è l'incremento di questa biblioteca che ha permesso al Museo Bottacin di qualificarsi come centro di studi, al quale si rivolgono studiosi italiani e stranieri per le loro ricerche. (*R.P.*)

Bibliografia essenziale

Per il Museo Archeologico si veda:

R. Battaglia, *Dal paleolitico alla civiltà atestina*, in *Storia di Venezia, I. Dalla preistoria alla storia* (Centro internazionale delle Arti del Costume, Venezia), Venezia 1957, pp. 77-177.

C. Dolzani, *Cimeli egiziani del Museo Civico di Padova, I*, in "Bollettino del Museo Civico di Padova", LVII (1968), pp. 7-48.

C. Dolzani, *Cimeli egiziani del Museo Civico di Padova, II*, in "Bollettino del Museo Civico di Padova", LX (1971), n. 1, pp. 11-20.

G. Fogolari, *La protostoria delle Venezie*, in *Popoli e civiltà dell'Italia antica* (Biblioteca di Storia Patria), 4, Roma 1975, pp. 61-222.

Padova preromana. Nuovo Museo Civico agli Eremitani (Padova, 27 giugno-15 novembre 1976, catalogo della mostra), Padova 1976.

F. Ghedini, *Sculture greche e romane del Museo Civico di Padova* (Collezioni e Musei Archeologici del Veneto, collana diretta da G. Traversari), Roma 1980.

Padova antica. Da comunità paleoveneta a città romano-cristiana, Padova 1981.

A. Corso, *Mosaici antichi di Padova: considerazioni sull'aspetto formale e sul problema urbanistico*, in "Archeologia Veneta", V (1982), pp. 83-120.

Il Veneto nell'antichità: preistoria e protostoria, I-II, a cura di A. Aspes e di L. Fasani (Banca Popolare di Verona), Verona 1984.

A. Prosdocimi, G. Zampieri, *Il Museo Civico agli Eremitani*, numero speciale del "Bollettino del Museo Civico di Padova" (edito in occasione dell'apertura delle prime sale del nuovo Museo Civico di piazza Eremitani), Padova 1985.

G. Zampieri, *Bronzetti figurati etruschi, italici, paleoveneti e romani del Museo Civico di Padova* (Collezioni e Musei Archeologici del Veneto, collana diretta da G. Traversari), Roma 1986.

Il Veneto nell'età romana. I. Storiografia, organizzazione del territorio, economia e religione, a cura di E. Buchi (Banca Popolare di Verona), Verona 1987.

G. Zampieri, *Ceramica greca, etrusca e italiota del Museo Civico di Padova* (Collezione e Musei Archeologici del Veneto, collana diretta da G. Traversari), I-II, Roma 1991.

Per il Museo d'Arte Moderna e Medievale si veda:

A. A. Gloria, *Museo Civico di Padova. Cenni storici con l'elenco dei donatori e con quello degli oggetti più scelti*, Padova 1880.

A. Moschetti, *Il Museo Civico di Padova*, Padova 1938.

L. Grossato, *Il Museo Civico di Padova*, Vicenza 1957.

C. Alberici, *Il Mobile Veneto*, Milano 1980.

Malerei in Venetien / Pittura nel Veneto. Opere dal Museo Civico di Padova, catalogo della mostra, Freiburg 1987.

La quadreria Emo Capodilista. 543 dipinti dal '400 al '700 (catalogo della mostra di Padova a cura di D. Banzato), Roma 1988.

D. Banzato, F. Pellegrini, *Bronzi e placchette dei Musei Civici di Padova*, Padova 1989.

Da Giotto al Tardogotico. Dipinti dei Musei Civici di Padova del Trecento e della prima metà del Quattrocento (catalogo della mostra di Padova a cura di D. Banzato e F. Pellegrini), Roma 1989.

La peinture vénétienne 1600-1800. 65 peintures des collections des musées de la ville de Padoue, catalogo della mostra, Nancy 1991.

Da Bellini a Tintoretto. Dipinti dei Musei Civici di Padova dalla metà del Quattrocento ai primi del Seicento (catalogo della mostra di Padova a cura di A. Ballarin e D. Banzato), Roma 1991.

Per il Museo Bottacin si veda:

C. Kunz, *Il Museo Bottacin annesso alla Civica Biblioteca e Museo di Padova*, Firenze 1871.

A. Carcassonne, *Cenni intorno alla vita di Nicola Bottacin*, Trieste 1877.

L. Rizzoli, *I sigilli nel Museo Bottacin di Padova*, Padova 1903-08.

L. Rizzoli, *Museo Bottacin*, in A. Moschetti, *Il Museo Civico di Padova*, Padova 1938, pp. 415-445.

G. Gorini, *Monete antiche a Padova*, Padova 1972.

G. Gorini, *Monete romane repubblicane del Museo Bottacin di Padova*, Venezia 1973.

R. Parise, A. Saccocci, *Duemila anni di storia della moneta al Museo Bottacin*, Padova 1988.

G. Gorini, R. Parise, A. Saccocci, *"A testa o croce". Immagini d'arte nelle monete e nelle medaglie del Rinascimento. Esempi dalle collezioni del Museo Bottacin*, catalogo della mostra, Padova 1991.

Referenze fotografiche
Gabinetto fotografico dei Musei Civici di Padova.

Stampato per conto di Electa
dalla Fantonigrafica - Elemond Editori Associati